Architektur Beispiele Eternit

Dietmar Steiner

ARCHITEKTUR
Beispiele Eternit

Kulturgeschichte eines Baustoffes

Löcker Verlag Wien 1994

Herausgeber:
Dietmar Steiner,
Eternit-Werke,
Ludwig Hatschek AG,
Löcker-Verlag und die Autoren

Grafisches Konzept und Gestaltung:
Oskar Putz
Mitarbeiter:
Eugen Sares, Christine Puchner
Umschlagfoto:
Margherita Spiluttini

Lithografie, Druck, Bindung:
OÖ Landesverlag

ISBN 3-85409-215-6
Printed in Austria

Foto Seite 2:
Hans Hatschek, Ludwig Hatschek (Bild), Dr. Vongreger,
Komm.Rat Hans Czerwenka, Dir. Robert Kunz

INHALT

Dietmar Steiner

Die Erfindung der Ewigkeit

Ein Gespräch mit DI.ETH Fritz Hatschek

HATSCHEK'S "ETERNIT": EIN GESPRÄCH MIT DIPL.ING.ETH FRITZ HATSCHEK

St.: Durch die Recherchen, die wir zur Firmengeschichte und zur Geschichte des Baustoffs getätigt haben, entstand vor uns eine Zeit der echten Industriegründer, eine "heroische Gründerzeit", in der auf Risiko neue Produkte entwickelt wurden, für die dann die Märkte erst gesucht werden mußten.

F.Hat.: Sie haben sicher recht, wenn Sie es als die heroische Zeit bezeichnen. Man muß verstehen, daß bis zur Erfindung der Dampfmaschine die großen Vermögen mit Landwirtschaft, mit Gütern, dem Besitz von Pferden, vor allem von Aristokraten geschaffen wurden. Dann kam die Maschine, die als eiserner Engel allerdings ziemlich bald die Menschheit versklavte. Und so kam ein neuer Stand auf, eben die Erfinder, die Industriepioniere, wenn man will, die Condottierifiguren unter den Industriellen. Es war eine heroische Zeit, in der man erfunden und Risiko auf sich genommen hat. Es war natürlich auch einfacher als heute, weil man alles von unten anfangen und neu beginnen konnte. Dagegen sind heute die großen Industrien derartig kapitalintensiv, daß es einer gar nicht mehr allein machen kann.

St.: Was könnte nun der konkrete Antrieb von Ludwig Hatschek, Ihrem Großvater, gewesen sein, sich in diese Gruppe einzureihen, Erfinder und Industriegründer zu werden?

F.Hat.: Er kam aus einer Bierbrauerfamilie, war der jüngste Sohn, und er scheint etwas unverträglich gewesen zu sein und hat sich seinen Erbteil auszahlen lassen, um selbständig zu werden. Er hat mit diesem Kapital hier in Vöcklabruck, weil ein Wasserrad vorhanden war, begonnen. Heute würde man eine Industrie nicht mehr nur aufgrund der Existenz eines kleinen Baches begründen. Aber damals hat Hatschek die Wasserkraft ausgenützt, die eben nicht dampfgebunden war. Dazu kam, auch vielleicht ein typisches Zeichen der damaligen Zeit, daß der Kaiser es nicht gerne gesehen hat, wenn Aristokraten Industrielle waren, die eher zu Diplomaten oder Heerführern bestimmt waren. Und Graf Westfalen, der in Lend-Gastein eine Asbestspinnerei, die einen Brandschaden hatte, besaß, hat die Gelegenheit ergriffen und die Maschinen an Ludwig Hatschek verkauft. Ludwig Hatschek hat dann, wie gesagt, die hier vorhandene Wasserkraft genutzt. Die Anfangsleistung von nur 60 PS war ursprünglich ausreichend, das kann man sich heute gar nicht mehr vorstellen. Sie wurde später dann auf 130 PS erhöht, und er hat hier Asbestgespinste, Asbestdichtungen und Asbestpappen gemacht.

St.: Aber Ludwig Hatschek muß sich zu dieser Zeit bereits mit der Idee beschäftigt haben, die erzeugte Asbestpappe hart zu machen. Denn die Eigenschaften waren ja bekannt, die Beständigkeit, die Brandhemmung etc. Dachte er vielleicht schon an die Möglichkeit der Dachdeckung ? Es war ja sicher kein spielerischen Antrieb allein, zu versuchen, die weichen Pappen hart zu machen.

F.Hat.: Es gab sehr viele Schindel- und Strohdächer zu dieser Zeit, die sehr brandgefährdet waren. Der Ziegel war schwer, nicht im ausreichenden Maß vorhanden, und in unserem kalten Klima gefährdet. Schiefer wiederum war zu teuer und mußte weit her transportiert werden. So hat er versucht, die weiche Pappe hart und eine Platte daraus zu machen. Dazu hat er eine Reihe von Bindemitteln versucht, und nach sieben Jahren der Versuche hat es dann mit Portlandzement funktioniert, und das Produkt war der Asbestzement. So hat er eigentlich einen Kunstschiefer gemacht. Aber der Name wurde raschest aufgegeben, weil "Kunst" immer etwas mit Kunsthonig und Kunstbutter, und damit mit Ersatz zu tun hat, dagegen waren es doch Schieferplatten aus Faserzement.

Zur Erfindung selbst muß noch etwas gesagt werden: die Erfindung ist in erster Linie eine Verfahrenstechnik. Denn Asbest war bekannt, Zement war bekannt, die Mischung war bekannt, die Pappenmaschine war bekannt, und die Größe der Erfindung war, daß man aus dieser Mischung auf der Pappenmaschine großindustriell Platten machen kann.

Es ist eine reine Verfahrenssache, und das ist, wie gesagt, die Größe der Erfindung. Und sie wurde von zwei Seiten beeinsprucht: Die Papierleute haben gesagt, wenn man auf der Pappenmaschine den Zement verarbeitet, "versteinert" die Maschine, das geht nicht. Und die Zementleute haben gesagt, wenn man dem Zement so viel Wasser zugibt, daß man ihn auf der Pappenmaschine verarbeiten kann, dann "ersäuft" er. Denn wenn Sie Zement in einem Wasserglas ständig rühren, bindet er nicht ab, und am Ende liegt er als Sand am Boden.

St.: Dennoch aber hat es, wider aller physikalischen Vernunft funktioniert.

F.Hat.: Richtig. Ich erzähle bei allen Führungen die Anekdote, "französische Aviatiker haben ausgerechnet, daß eine Hummel nicht fliegen kann, weil das Verhältnis von Körper und Flügelgröße nicht stimmt. Die Hummel weiß es aber nicht und fliegt." Ähnlich ist es hier Ludwig Hatschek ergangen. Der nächste schwierige Schritt war, dies alles als Patent anzumelden. Dieses Patent galt dann 18 Jahre und nicht länger, was ich auch richtig finde, denn wenn man so grundsätzliche Produkte wie "Eternit" oder auch "Aspirin" erfindet, ist es genug, wenn man 18 Jahre allein daran verdient, nachher soll es allen zur Verfügung stehen.

Nur der Name "Eternit" ist immer noch geschützt. Hatschek hat für das neue Material einen sehr klugen Namen gewählt, "Eternit" für ewig. Obwohl wir dann bemerkt haben, so gut ist es gar nicht, wenn es ewig hält. Es wäre gar nicht so übel, wenn das Material nach dreißig Jahren seine Aufgabe erfüllt hätte, damit man es dann noch einmal verkaufen kann. Wichtig aber war, daß Ludwig Hatschek mit dem Namen und dem Wortbild einen Markenartikel geschaffen hat, der eigentlich so bekannt ist wie das Bayer-Kreuz oder der Mercedes-Stern. Und dieser Name und der Schriftzug "Eternit" gilt für immer, das Namensrecht verlieren Sie nie, nur das Patent läuft ab.

St.: Eigentlich hätte sich ja auch angeboten, daß Ludwig Hatschek selbst weltweit Tochterunternehmen gründet oder gleich als eigenes Unternehmen weltweit exportiert, und nicht Patente vergibt.

F.Hat.: Naja, das hat sich nur zum Teil angeboten, denn Ludwig Hatschek hatte durch den Verkauf der Patente sehr lukrative Lizenzeinnahmen. Und wer die Lizenz gekauft hat, hat auch das Recht auf den Namen bekommen. Wenn Sie also heute irgendwo auf der Welt den Namen "Eternit" sehen, können Sie sicher sein, daß die Großväter der heutigen Besitzer in Anstand und Ehre das Patent gekauft haben mit der Ausnahme von Japan, wo dies nicht geschehen ist. Ludwig Hatschek selbst hat nur in Ungarn eine eigene Fabrik gegründet und Hans Hatschek später dann noch in Böhmen und Mähren und man blieb damit auf das alte Österreich konzentriert.

St.: Ich könnte mir vorstellen, daß das auch damit zusammen hing, daß man die damalige Monarchie ohnehin als Absatzgebiet für das eigene Unternehmen als groß genug empfand.

F.Hat.: Mag sein. In alle anderen Länder jedenfalls wurde das Patent verkauft. Beispielsweise nach Belgien, und die Belgier haben gleich auch für England mitgekauft. Zudem ging Ludwig Hatschek bei einigen dieser Lizenznehmer Beteiligungen ein, die aber leider schon im Ersten Weltkrieg sofort halbiert wurden und im Zweiten Weltkrieg gingen wir dieser weitgehend verlustig.

St.: Wie ist eigentlich so das persönliche Gefühl, wenn man weiß, hier in Vöcklabruck ist von Ihrem Vorfahren ein Baustoff erfunden worden, der einen weltweiten Siegeszug antrat?

F.Hat.: Das ist zunächst sehr verpflichtend, und ich bin ja auch sehr stolz darauf und nehme es sehr ernst. Ein bezeichnendes Detail darf ich Ihnen dazu als Erläuterung geben: Die Pappenmaschine ist eine sogenannte Siebzylindermaschine aus der Papierindustrie, die bei uns im Hause einfach nur Pappenmaschine genannt wird. In allen anderen "Eternit"-Fabriken auf der Welt wird diese Siebzylindermaschine als "Hatschek-Maschine" bezeichnet. Nun ist es für mich sehr komisch, wenn einem dann in einer anderen Fabrik erklärt wird, wir haben vier "Hatscheks" unten stehen. Und nur wir allein bezeichnen die "Hatschek-Maschine" einfach als Pappenmaschine.

St.: Schon in den ersten Jahren der Produktion wurden neben der Platte für das Dach auch weitere Anwendungsgebiete gesucht. Die große Fassadenplatte, das Welleternit, die "Eternit"-Rohre.

F.Hat.: Die Erfindung in Österreich wurde als Platte für das Dach gemacht. Wir haben die kleine, geschnittene Dachplatte, die man in Anlehnung an den Schiefer formiert hat. Wir haben die große Platte, die ja automatisch entsteht, wenn das produktionsbedingte Format nicht geschnitten wird, und wir haben die Möglichkeit der Welle, weil die Platte ja anfangs weich ist. Die weiche Platte legt man dann in ein Wellmodell, das dem Wellblech nachempfunden ist. Dabei haben Österreich und die Schweiz zu 70 % Dachplatten, kleine, geschnittene, das ideale Format und Material für die Alpenländer. In allen anderen Ländern liegt das Gewicht mehr auf der großen Platte und auf der Wellplatte. Also während bei uns 70 % Dachplatten sind, sind es in Deutschland höchstens 25 %. Aber das liegt in der Natur der Länder und ihrer klimatischen Bedingungen. Und dann, ein Gegenstück dazu war die Erfindung eines Italieners, Adolpho Mazza, der die Rohrmaschine zur vollen produktionstechnischen Reife entwickelt hat. Und da sind wir natürlich auch nicht so das geeignete Land dafür. Österreich hat genug Flüsse, wir sind nicht gezwungen, Wasser über weite Strecken in Rohren zu führen, was natürlich in heißen Ländern viel wichtiger zur Bewältigung der Bewässerungsfragen ist. Das hat dazu geführt, daß sich die "Eternit"-Rohre in Österreich niemals im ausreichenden Maß durchgesetzt haben.

St.: Für mich haben die "Eternit"-Rohre schon einen gewissen Symbolwert. Im Verhältnis zu Stahl, Steingut oder Kunststoff erschienen sie mir immer als geradezu selbstverständliche Alternative, die alles das, was andere Rohre können, auch kann, nur besser und billiger.

F.Hat.: Sollte man meinen, aber das mit den "Eternit"-Rohren war schon ein besonderes Problem. Ich war acht Jahre alt, als die Mazza-Rohrmaschine aufgestellt wurde. Mazza war ein Eisenbahningenieur und hat Ludwig Hatschek in Böhmen oder Mähren beim Eisenbahnbau kennengelernt. Er war ein, heute sagt man, HTL-Ingenieur und hat 100 Zigaretten am Tag geraucht, was ihm anscheinend nicht geschadet hat, denn als ich ihn später persönlich kennenlernte war er inzwischen 94 Jahre alt! Und Mazza hatte dann von Ludwig Hatschek das Patent erworben. Mazza hat dann eine eigene Maschine mit seinem Mitarbeiter Mattei – also ich bin sehr korrekt und bezeichne sie noch heute als die Mazza-Mattei'sche Rohrmaschine – entwickelt. Von diesen beiden wurde die Maschine mit Schwenkarmen entwickelt. Denn wenn sie auf einer Plattenmaschine arbeiten, mit der Formatwalze, ist das Produkt, der Zylindermantel, natürlich ein Rechteck. Wenn man es nicht aufschneidet, sondern seitlich abzieht, dann hat man ja das Rohr von Anfang an. Dazu muß man aber die Formatwalze – nunmehr der Rohrkern – beweglich machen und den Durchmesser anpassen, um das Rohr abziehen zu können. So wird ein "Arm" hereingeschwenkt und in ein Lager gelegt, dann wird gewickelt, dann schwenkt man heraus und zieht es ab. Inzwischen aber, das war das geniale, kommt ein zweiter Schwenkarm - die Maschine kann ja nicht stehen bleiben - der sich wieder einklinkt. Es klingt simpel, benötigt aber doch eine Menge intelligenter Lösungen, damit das Rohr nicht anklebt, etc.

St.: Damit hat sich aber ein Traum von Ludwig Hatschek erfüllt, der nach immer neuen Anwendungsgebieten für "Eternit" suchte.

F.Hat.: Ja natürlich war da eitel Freude zunächst. Wir waren begeistert von der Idee, noch ein "Eternit"-Produkt anbieten zu können. Da waren wir glücklich, und haben nicht penibel gerechnet. Heute müssen wir uns eingestehen, daß die Rohrproduktion, allein für sich gerechnet, eigentlich keine wünschenswerte Resultate brachte.

St.: Ich möchte jetzt zum Verhältnis des "Eternit"-Werkes zur Stadt Vöcklabruck kommen. Man spürt hier einfach, daß "Eternit" da ist, nicht unbedingt in einem direkten Sinn, wie Linz und die VÖEST, aber atmosphärisch ist die Stadt doch, ich möchte sagen, mit einer globalen Erfindung belastet oder beschenkt.

F.Hat.: Dabei muß man davon ausgehen, daß in Österreich drei Baustoffe erfunden und entwickelt wurden, die wirklich die Welt erobert haben. Das waren Heraklith, Torstahl und eben "Eternit". Deshalb wurden beispielsweise auf der Weltausstellung in Brüssel 1958 ja auch nur diese drei Baumaterialien von Österreich präsentiert. Natürlich hat Österreich auch andere große Erfindungen vorzuweisen, aber auf dem Sektor der Baustoffe war "Eternit" eine Weltidee. Und dies noch dazu im Verhältnis zu diesem doch kleinen Ort, das mußte sich auswirken. Dazu kam, daß man am Anfang auch ziemlich gut damit verdienen konnte, und das war keine Schande damals. Denn mit dem Gewinn war auch eine soziale Verpflichtung verbunden, aus einem natürlichen Gefühl der Anständigkeit heraus. So hat mein Großvater in Linz die Bauernberg-Parkanlagen der Stadt gestiftet. Mein Vater hat hier in Vöcklabruck das Krankenhaus gestiftet, und von der Familie ist hier die "halbe Kirche" und ein Park. Also die Hatschek's waren immer eine Familie, die nicht "Jachten gekauft" oder das Geld "in Monte Carlo verlumpt" hat, sondern man hat gearbeitet, verdient und einen Teil vernünftig investiert. Heute sind die Steuern natürlich so hoch, daß man fast keinen Spielraum mehr hat. Damals zahlte man 22% Steuern, da konnte man natürlich leicht auch öffentliche Aufgaben wahrnehmen, jetzt zahle ich ja 75% und mehr, da sind derartige Schenkungen nicht mehr möglich. Jetzt nimmt der Staat das Geld, und investiert es seinerseits in diese Aufgaben.

St.: Das war üblich in dieser Zeit, daß von den Unternehmen selbst die Arbeitersiedlungen und sozialen Einrichtungen und Gesundheitseinrichtungen gebaut wurden. Im Falle Hatschek kommt noch dazu, daß sehr früh mit renommierten österreichischen Architekten, also durchaus auch mit kulturellem Engagement, zusammengearbeitet wurde. All die Schüler Otto Wagners, wie Mauriz Balzarek, oder Heinrich Schmid und Hermann Aichinger. Was wissen Sie noch über diese Kontakte?

F.Hat.: Dieser Kontakt war kein Kunststück, denn Balzarek war in Linz, und man wußte, er war ein guter Architekt. Übrigens, obwohl er eigentlich kein Industriearchitekt war, hat er unseren alten Wasserturm hier im Werk entworfen, der leider dann umbaut wurde. Ich habe die Pläne der Stadt Linz, dem Museum Nordico für die Balzarek-Sammlung geschenkt. Also mit Balzarek bestand ein intensiver Kontakt. Aber man darf nicht vergessen, "Eternit" hat in diesem Sinne immer zwei Ansprechpartner gehabt. Das waren einerseits die Baumeister, mit den Dachdeckern, dem Zimmermann und den Häuselbauern. Und andererseits eben die Architektur. Dafür hat man den Kontakt mit Architekten gesucht. Besonders die Schweiz war hier sehr engagiert, die mit Le Corbusier, Oscar Niemeyer, Alvar Aalto gearbeitet und Kontakte gepflegt hat. In Österreich haben wir in Clemens Holzmeister, dem wohl berühmtesten österreichischen Architekten, einen großen guten Freund gehabt.

St.: Dennoch scheint diese Beziehung zu den wichtigsten österreichischen Architekten irgendwann abgebrochen zu sein. Denn Mauriz Balzarek war in den zwanziger

Jahren sicherlich der bedeutendste Architekt in Oberösterreich. Doch was kam dann?

F.Hat.: Nein, nicht wirklich abgebrochen. Es sind ihm wichtige oberösterreichische Architekten wie Hans Arndt oder Alexander Popp nachgefolgt, mit denen intensiv zusammengearbeitet wurde.

St.: Und wie kam es zur Zusammenarbeit mit Heinrich Schmid und Hermann Aichinger?

F.Hat.: Sie wurden mit der Planung des Hatschek-Krankenhauses betraut. Aber ich möchte nochmals auf Balzarek zurückkommen. Er hat den Entwurf für ein "Eternit"-Fertighaus gemacht. Ein Riegelbau, der Innen und Außen mit "Eternit"-Platten verkleidet war, und als Füllung wurde Torfmull verwendet. Davon wurden insgesamt drei Häuser gebaut. Eines hier in Vöcklabruck, eines in Gmunden und eines in Niederurnen in der Schweizer "Eternit"-Firma. Das in Vöcklabruck war ein Sommer- oder Ferienhaus für Verwandte und ist vor sechs Jahren abgebrannt. Das Haus in Gmunden wurde vom Betriebsleiter bewohnt und wurde abgerissen, aber das Balzarek-Fertighaus in der Schweiz – das steht noch, und dabei blieb es!

St.: In den zwanziger und dreißiger Jahren, das haben wir bei den Recherchen gesehen, ist dann sehr viel mit "Eternit" experimentiert worden. Es wurden neue, andere Anwendungsbereiche als die Dachplatte allein gesucht.

F.Hat.: Viel ist nicht daraus geworden.

St.: Sind diese Bemühungen von selbst wieder eingeschlafen?

F.Hat.: Das sind sie. Man wollte einfach zu viel. Es wurden Eisenbahnschwellen aus "Eternit" entwickelt, die sich nicht bewährt haben, bis zu Rebstöcken, die sich ebenfalls nicht bewährt haben. Dann auch Schweine- und Hühnerfuttertröge, die von den Schweinen gefressen wurden, weil sie den Kalk im Material gesucht und gefunden haben. Man hat damals sehr viel probiert, und es ist dann bei der Platte geblieben. Selbst bei der Platte, die doch damals hinreichend eingeführt und akzeptiert war, kam ein gravierender Einwand unter dem Regime des Deutschen Reichs. Die deutschen Reichsarchitekten haben den eigentlichen Vorteil der dünnen Platte beanstandet und verlangten von der Platte ein Profil, um vorzutäuschen, daß die Platte stärker sei und Schatten wirft. Diese ästhetischen Vorstellungen wurden dann nach dem Krieg natürlich rasch zurückgenommen, denn jeder war froh, daß er ein Dach gehabt hat.

St.: Und damit kommen wir zur absoluten Hochblüte von "Eternit". Zum Boom der sechziger und siebziger Jahre.

F.Hat.: Während dieser Zeit herrschte dann eine regelrechte "Goldgräberstimmung".

Man wußte nicht mehr, woher man die benötigten Arbeiter nehmen sollte, mit Autobussen hat man sie aus bis zu 40 km Entfernung geholt. Und angesichts der gigantischen Verkaufszahlen wurden wir damals gefragt, was macht ihr eigentlich mit "dem Zeug", eßt ihr es, denn Dächer decken kann man gar nicht in diesem Ausmaß. Das war halt eine schöne Zeit, und man konnte sich gar nicht vorstellen, daß es einmal nicht mehr so ist.

St.: Wieviel ist eigentlich in dieser Zeit verkauft worden?

F.Hat.: In einem Jahr waren das einmal 34 Millionen sogenannte Normalquadratmeter. Das bedeutet aber nicht gedeckte Quadratmeter an Fläche. Wir messen die Produktion und die Verwendung von "Eternit" nicht in Tonnen, sondern in diesem standardisierten Maß, das einen Quadratmeter mit fünf Millimeter Stärke festlegt. Das ist ein Produktionsmaß, das die Eternitindustrie übernommen hat, und das genormt ist. Heuer machen wir, zum Vergleich, nur 14 Millionen Normalquadratmeter und die Franzosen auch.

St.: Diese Spitzenproduktion dürfte so im Zeitraum von 1972 bis 1974 erreicht worden sein, also mitten im Ölschock. Hat es dafür, im Vergleich zur Gründungszeit, auch Steigerungen der Produktivität gegeben?

F.Hat.: Natürlich kam es auch zu einer ganz großen Modernisierung. Dazu vielleicht zwei Zahlen, die frappant sind: früher hat eine Pappenmaschine mit 11 Mann im 24 Stunden Betrieb ca. 5-6.000 Normalquadratmeter gemacht und nach der Modernisierung mit 4 Mann 18-20.000 Normalquadratmeter. Dabei muß man bedenken, daß "Eternit" ein Material ist, das eigentlich fertig auf die Welt gekommen ist. Es hat sich nur die Produktion beschleunigt. Aber eine Pappenmaschine war eine Pappenmaschine im Jahr 1900 genauso wie heute, sie hat heute drei Zylinder und damals hat sie zwei gehabt und sie ist gerade so gelaufen wie jetzt. Der Unterschied ist vor allem die Geschwindigkeit.

St.: Wir können also drei Höhepunkt für "Eternit" festmachen. Der erste war der Zeitpunkt der Erfindung selbst und die dann folgende Marktdurchdringung durch die Innovation des neuen Materials. Dann die zwanziger und dreißiger Jahre, in denen unheimlich viel mit zusätzlichen Anwendungsbereichen experimentiert wurde und schließlich die Nachkriegszeit seit den sechziger Jahren, wo "Eternit" schlechthin auch Modernität verkörpert hat, bis zum Gipfel am Beginn der siebziger Jahre. Könnte der dann folgende Abbruch, der stete Rückgang nicht auch mit einer gewissen Marktsättigung im Zusammenhang gesehen werden ?

F.Hat.: Diesbezügliche Voraussagen prophezeiten uns seinerzeit ein "unendliches Wachstum". Aber ich glaube, ein Produkt hat eine bestimmte Lebensdauer, mit einer Anlaufphase, einem Boom, und dann wird die Kurve flacher und plötzlich stürzt es ab. Dies erlebten wir schon mit den Dachplatten in den fünfziger Jahren, die auf einmal zu stagnieren begannen. Doch kurz darauf "explodierte" plötzlich die Nachfrage nach Welleternit. Das Welleternit hat es ja schon zwischen den Kriegen gegeben, und es wurden damals rund 30.000 Quadratmeter verkauft. Doch auf einmal stieg der Verkauf des Welleternits auf 16 Millionen Quadratmeter, und heute ist es wieder abgefallen auf 3 bis 4 Millionen Quadratmeter. All das hat nichts mit der Qualität des Produkts zu tun. Aber auf einmal wurden andere Materialien billiger, und auch die Anti-Asbestkampagne war hier nicht förderlich.

St.: Wenn wir jetzt "Eternit" als eine Art Fallbeispiel nehmen würden, ist es schon interessant zu beobachten, daß auf Marktsättigung auch mit Kritik am Produkt selbst reagiert wird. Eigentlich eine "ästhetische Reaktion" gegen die Allgegenwart, – mit wirtschaftlichen Auswirkungen.

F.Hat.: Aber genau auf diese ästhetischen Argumente hat "Eternit" immer reagiert. Es begann doch mit der Maschine, die in 1,20 m Breite erzeugte. Ludwig Hatschek hat diese Platte zunächst zweifach geteilt. So entstand die klassische quadratische Platte mit 60 cm Seitenlänge. Die hat er anfänglich angeboten, sie wurde aber, da zu groß, nicht angenommen. Also hat er das Produktionsmaß gedrittelt, und mit dem Plattenmaß von 40 auf 40 cm ergab diese Platte als Schablonendeckung dann auch eine sehr gute Wasserführung am Dach und ein überzeugendes Produkt. Doch ergab diese Platte, verbunden mit der Technik der Verlegung, diagonale Linien auf der Dachhaut. Der Markt, die Architekten und der Denkmalschutz wollten aber verstärkt vertikale und horizontale Linien. So wurde eine neue Plattenform und eine neue Deckung entwickelt. Und heute, auf einmal, wollen die Architekten, die "Eternit" wieder bewußt als Gestaltungselement der Dachhaut einsetzen, auch die alten diagonalen Linien wieder haben. Und wir glaubten, die "Diagonalen" sind weg. Stimmt nicht, die kommen wieder.

St.: Ich möchte zum Abschluß dieses Gespräches auch noch ein persönliches, ein emotionales Element einbringen. Wir arbeiten jetzt schon längere Zeit an diesem Buch, an diesem Projekt. Dabei justiert man sozusagen den eigenen Blick, und entdeckt auf einmal viel mehr "Eternit" als man vorher zu sehen glaubte, fühlt sich vom Material förmlich umzingelt. Und dabei ist mir persönlich bewußt geworden, daß "Eternit", daß diese Dachplatte, eine unheimlich schöne Alterungsfähigkeit besitzt. Sie gräbt sich förmlich ein in die Zeit, bekommt so eine historische Dimension. Und ich verstehe weniger denn je die Argumente, die vom Landschafts- oder Denkmalschutz gegen das "unechte Material" vorgebracht werden. Sie entsprechen, im konkreten Augenschein genommen, einfach nicht den ästhetischen Tatsachen.

F.Hat.: Verlangen Sie bitte dazu kein Urteil von mir, denn meine Meinung dazu ist belastet. Ich darf aber auf die Bildbände des Karikaturisten und Diagnostikers Manfred Deix verweisen. Wenn er Häuser zeichnet, sind diese meistens mit "Eternit" gedeckt. Sie sind damit genauso typisch wie die Menschen die er entdeckt. Und zur Alterungsfähigkeit von "Eternit" fällt mir der kleine Gartenpavillon ein, der hier am Werksgelände steht. Irgendwann einmal vor cirka achtzig Jahren wurde er errichtet, und er ist mit einer absolut unüblichen Mönch-Nonne-Deckung aus "Eternit" gedeckt; das sind handgeformte und ungepreßte Firstkappen. Und im Lauf der Jahrzehnte ist diesem Pavillon nichts passiert. Seine Deckung hat alles, hat Schnee und Regen überdauert. Nur der grüne Holzzapfen an der Spitze, der mußte einmal erneuert werden!

St.: Von der Vergangenheit nun zur Zukunft. "Eternit", die Erfindung und das Material aus Faser, Zement und Wasser hat jetzt eine neue Faser. Was wird geschehen, gibt es einen neuen Markt, wie sehen Sie die Zukunft dieses Baustoffs jetzt?

F.Hat.: Nun sind wir wieder in der Situation, in der Ludwig Hatschek vor hundert Jahren war, daß wir beim neuen Material natürlich nicht auf eine erprobte Erfahrung zurückblicken können. Dazu möchte ich eine Anekdote erzählen: 1908 wurde die Tauernbahn von Salzburg nach Triest gebaut. Das war der große Durchbruch von Ludwig Hatschek und "Eternit". Damals wurde der Verkehrsminister noch Eisenbahnminister genannt, und der hat zu ihm gesagt, ich weiß ja nicht, wie das Material halten wird, wie schaut das in 50 Jahren aus? Und Ludwig Hatschek hat darauf geantwortet: "Ich werde mir erlauben in 50 Jahren wieder vorzusprechen." Darauf hat der Minister gelacht und das Material genommen, das war dann der Durchbruch. Und heute noch können sie alle diese mit "Eternit" gedeckten Bahnwärterhäuser sehen. Jetzt haben wir natürlich eine ziemlich ähnliche Situation. Ich bin überzeugt, daß die neue Platte, die neue Faser, eine dem alten "Eternit" vergleichbare Qualität beweisen kann.

St.: Und die Zukunft der Familie, des Unternehmens "Hatschek", des Produkts "Eternit"?

F.Hat.: Ja mein Gott, wer weiß. Mein Vater hat gesagt: der Vater erfindet es, der Sohn erhält es und der Enkel bringt es durch. Und wir sind zwei Enkel, Rupert und ich. Und wir haben ein Leben lang gearbeitet, und haben bis jetzt das Erbe ganz gut erhalten und nicht "durchgebracht". Ich habe zwei Töchter, die sicherlich einmal mein industrielles Vermögen erben und die alles tun werden, um den Weiterbestand des Unternehmens zu sichern. Möglicherweise werden auch irgendwann unsere Aktien zum Teil auf den Markt kommen. In der Zwischenzeit werde ich alles unternehmen, um "Eternit" für den neuen europäischen Markt stark zu machen, engere Allianzen mit den Gruppen in Belgien, Frankreich und der Schweiz einzugehen. Wobei auch der Osten wichtig wird, wie unser Engagement in Ungarn und Polen zeigt. Es gilt also jetzt, die neue Gründerzeit für den neuen Baustoff "Eternit" aufzubereiten und das Unternehmen selbst für die neuen europäischen Möglichkeiten zu öffnen, solange mir dies möglich ist. Das ist eine große und schöne Herausforderung für die Zukunft von "Eternit".

Dietmar Steiner, Christine Lindinger

Kulturgeschichte eines Baustoffes

Dietmar Steiner, Christine Lindinger

KULTURGESCHICHTE EINES BAUSTOFFES

Die Geschichte von "Eternit" beginnt als eine geradezu typische Industriegeschichte des 19. Jahrhunderts. Ein Unternehmer erfindet ein Produkt auf der Suche nach einem neuen Markt. Ein Produkt, das es zuvor noch nicht gab. Ein Produkt, das in den folgenden Jahrzehnten die Welt eroberte.

"Eternit" war ein neuer Baustoff, industriell erzeugt. Und das Rezept dafür war einfach: Zement, Wasser und eine Faser. Aber erst die Notwendigkeit der großindustriellen Produktion ergab die richtige Mischung und die spezifische Art der Produktion. Denn Zement, Sand und Wasser, das ergibt Beton, und erst die Faser ohne Sand bildet die notwendige Armierung und Steifigkeit, um auch dünne Platten daraus erzeugen zu können. Das war die Erfindung.

Wichtig ist, daß wir uns zum Zeitpunkt der Entwicklung von "Eternit" am Ende des 19. Jahrhunderts befinden. Mitten im allumfassenden Historismus wartete bereits hinter den reich dekorierten Fassaden mit ihren Symbolen der Vergangenheit die Technologie die Moderne. Aber noch ist das Material des Bauens, sind die Baustoffe an Formen gebunden. Die "Dekorindustrie" des Historimus erzeugte Ziegel, Steingut und Stein als Fertigteile, als Schmuckglieder bereits in Serie. Ihr technologischer Innovationsgrad war gering. Dagegen waren es die "neuen Materialien", die von den Architekten und Konstrukteuren neue Formen und Interpretationen verlangten.

Der weltweite gewaltige Bauschub der Gründerzeit, des Historismus der zweiten Hälfte des 19. Jahrhunderts, ist bis heute die relevante Bezugsgröße unserer gegenwärtigen urbanen Kultur. In dieser Zeit vor rund hundert Jahren sind die Metropolen Europas "neu" gebaut worden, wurden die großen und universalen städtebaulichen Muster des "Blocks" und der "Gartenstadt" erfunden, sind die Städte Amerikas neu gebaut worden und auch die Zentren der Metropolen der dritten Welt.

Um diese gewaltige Aufgabe auch technisch bewältigen zu können, waren trotz aller kunsthistorischer Konvention der Form neue Produkte und Methoden für den Bau nötig. Wir wissen, daß der große Architekt der Wiener Ringstraße, Theophil Hansen, in diesem Sinne auf die Wiener Ziegel- und Steinindustrie eingewirkt hat. Der reich angebrachte Schmuck der gründerzeitlichen Häuser war letztlich nur durch ein Sortiment von Fertigteilen zu bewältigen.

Parallel dazu schuf die Entwicklung des Betons die entscheidende Grundlage der industriellen Bauproduktion. Beton, oder betonähnliches "Gußgestein" wurde bekanntlich schon von den Römern eingesetzt. Ende des 17. Jahrhunderts begann man wieder mit derartigen "Gußmaterialien" zu arbeiten. Aber der entscheidende Durchbruch gelang mit der Erfindung des Portlandzements im Jahr 1824, der ab der Mitte des 19. Jahrhunderts dann industriell erzeugt wurde. Der Portlandzement ermöglichte eine höhere Dichte und Festigkeit des Betons.

Es lag nahe, daß die Ingenieure des 19. Jahrhunderts die nun technologisch vorhandene Druckfestigkeit des Betons um die der Zugfestigkeit zu erweitern suchten. In Europa und Amerika wurden praktisch gleichzeitig diesbezügliche Versuche angestellt. Das erste Patent für eine "Bewehrung" des Betons stammt von Joseph Monier, einem französischen Erzeuger von Blumenkübeln, der den Beton mit Drahtgittern verstärkte. Monier verwendete seine Entwicklung später für Rohre, Stege und Brücken. Eine weitere Patentanmeldung erfolgte 1895 durch den Franzosen Hennebique mit einer Erfindung des eisenbewehrten Betons. Die beiden Patente, Monier und Hennebique begleiteten die Entwicklung des bewehrten Betons bis zur Jahrhundertwende.

Eine aufschlußreiche Geschichte zu den Versuchen, Beton mit Bewehrung herzustellen, wird vom katalanischen Architekten Antoni Gaudi überliefert. Um 1900 plante er für seinen Gönner und Mäzen, den Grafen Güell, den heute berühmten Park Güell in Barcelona. All die organischen Formen und Konstruktionen wären ohne Beton kaum denkbar gewesen. Und auch Gaudi suchte nach einer Armierung, und kam auf die Idee, dafür die Eisenbänder, mit denen die großen Holzkisten der Verpackung schon damals zusammengehalten wurden, zu verwenden. So finden sich heute selbst in den Geländern am Rande der Wege des Park Güell die gedrehten Eisenbänder als Kern dünner Betonstangen, die wie versteinerte Baumstämme scheinen. Drahtgitter bei Monier, gedrehte Eisenbänder bei Gaudi, die schon an die spätere österreichische Erfindung des "Torstahls" (1934 von Rudolf Schmidt) erinnern, – immer ging es darum, den Beton, das Gußgefüge aus Zement, Sand und Wasser mit einem dritten Material zu verbinden, um zusätzliche statische Eigenschaften zu erhalten. Die Erfindung von "Eternit" steht mit diesen vergleichbaren Anstrengungen in einem ideengeschichtlichen Zusammenhang. Auch Ludwig Hatschek ging es zu dieser Zeit, Ende des 19. Jahrhunderts, um neue industrielle Möglichkeiten, um das Experiment mit neuen Baustoffen für die wachsende Zahl von neuen Aufgaben.

Ludwig Hatschek und die Erfindung

Geradezu typisch für das Unternehmertum des 19. Jahrhunderts ist die Geschichte der Familie Hatschek, urkundlich bis etwa 1790 in Tieschetitz bei Olmütz als Malzhändler, und später als wohlhabende Bierbrauer nachgewiesen. Der Vater von Ludwig Hatschek, Philipp Hatschek (1823-1908) mußte nach der Schlacht von Königgrätz (1866) den Wohnsitz wechseln und übersiedelte nach Linz, pachtete dort das städtische Brauhaus, aus dem die "Linzer Brauerei" hervorging.

Ludwig Hatschek, 1856-1914

Wir haben es also mit einer klassischen Dynastie von Unternehmern zu tun, die natürlich auch bei der Übersiedlung nach, oder besser Ansiedlung in Oberösterreich in Stellung, Aufgaben und sozialem Umfeld rasch die Eingliederung vollzogen. So heiratete Ludwig Hatschek Rosa Würzburger, die Tochter einer angesehenen Wiener Bankiers, dessen Familie bis 1600 in Wels und Umgebung nachgewiesen ist.

Hans Hatschek (1890-1956), der Sohn von Ludwig Hatschek, erlaubt uns in seinen "Erinnerungen" einen Blick in durchaus verallgemeinerbare Lebens- und Familienverhältnisse einer Unternehmerfamilie des 19. Jahrhunderts, bei der der Erfolg des Unternehmens selbst und die Erhaltung einer stabilen familiären Struktur im Vordergrund standen:

"Die Großeltern (Philipp und Sophie Hatschek, d.V.) bewohnten im alten Brauhaus die schöne Wohnung im ersten Stock, deren spiegelnde Parkettböden noch zu meinen Kindheitserinnerungen gehören. Viele Antiquitäten schmückten die Wohnung. Besonders für Uhren, eingelegte Möbel und Teppiche scheint mein Großvater eine große Vorliebe gehabt zu haben ... Großmutter war eine äußerst pedante, saubere Frau, immer mit einem Spitzenhäubchen im Haar, ihre Kleider stets gefältelt und gebügelt. Nie nahm das Putzen und Reinemachen ein Ende, daher auch die spiegelnden Parkettböden."

Ludwig Hatschek arbeitete zunächst in der von seinem Vater gegründeten Brauerei, mußte sich die Leitung aber mit seinem Bruder Arnold und seinem Schwager Lajos Weiß teilen. Dies dürfte nicht gerade konfliktfrei verlaufen sein: "Ich wiederhole, daß das Verhältnis zu Bruder und Schwager immer ungünstiger wurde und in meinem Vater den Entschluß reifen ließ, sich auf eigene Füße zu stellen und aus dem Brauereibetrieb auszutreten. Nach langen Auseinandersetzungen willigte mein Großvater (Philipp) ein und sagte ihm die Auszahlung seines Anteils an der Brauerei in der

Höhe von 60.000 Gulden (um 1892) zu." (Erinnerungen Hans Hatschek).

Ludwig Hatschek fuhr nach der Trennung von der Brauerei umgehend nach England, um sich im damals führenden Land der industriellen Entwicklung nach neuen Ideen umzusehen. Interessant für die unternehmerische Neugier von Ludwig Hatschek ist, daß er für diese Zeit seine Frau zu Hause veranlaßte, alle Zeitungen durchzusehen und ihm Hinweise auf interessante neue Ideen nachzusenden.

Und es war auch seine Frau, die eine Annonce entdeckte, wonach Graf Westfalen nach einem Fabriksbrand die Maschinen seiner Asbestspinnerei in Lend bei Gastein verkaufen wollte. Noch in England begann sich Ludwig Hatschek daraufhin mit diesem Material zu beschäftigen, und begeisterte sich für die universellen Eigenschaften dieses natürlichen Materials, das damals nur wenigen Menschen bekannt war. Er versprach sich also Erfolg von der Erzeugung von Faserprodukten, also kaufte er die Maschinen in Lend, und erwarb dazu eine billige Wasserkraftanlage in Schöndorf bei Vöcklabruck, die lange Jahre eine Papier- und Pappenmühle gewesen war.

Auf dieser Basis gründete Ludwig Hatschek im Jahr 1893 die "Erste österreichisch-ungarische Asbestwarenfabrik Ludwig Hatschek" in Vöcklabruck. Verschiedene Asbestwaren wie Pappe, Schnüre, Dichtungen und Geflechte wurden erzeugt. Da der Erfolg dieser Fabrik bescheiden war, suchte Ludwig Hatschek nach neuen Massenartikeln, die diese Fasern enthalten.

Die Meldungen vom Scheitern einer Dachplatte aus Fasern und Magnesitzement, die mit ihrer Feuerfestigkeit Reklame machte, brachte Ludwig Hatschek auf die Idee, nach einem derartigen Produkt zu forschen. Leichter und haltbarer als Ziegel sollte es sein, billiger und universeller als Schiefer, und beständiger und besser als Blech.

Die Jahre von 1893 bis 1900 vergingen mit Forschungen und Versuchen. Asphalt, geschmolzen und zerstäubt, sollte zunächst den Fasern zugesetzt werden. Verschiedene chemische Imprägnierungen der Faserplatten wurden erprobt. Die Spannung und Dramatik des kritischen Moments der Erfindung schildern authentisch nochmals die Erinnerungen von Hans Hatschek:

"Vater versuchte endlich auch, Asbestfasern mit Kalk zu verbinden. Das Ergebnis war wieder negativ. Endlich kam ihm der Gedanke, ein hydraulisches Bindemittel zu versuchen, nämlich Portlandzement.

Aber war das möglich? Zement aus der Papier-Maschine!

Eine Papier-Maschine und Zement? Hat man so etwas schon gehört? Die Papiermaschine mit dem Siebzylinder, mit dem feinen Sieb, der teure Wollfilz, die vielen

Achsen in ihren Lagern? Unmöglich, alles müßte ja versanden, Sieb wie Filz in kürzester Zeit mit Zement verlegt und die Achslager ausgeleiert sein durch den harten, scharfen Zement. Kein Rad wird sich mehr drehen können! - So war es auch. Mißerfolg! Platten entstanden, feste, gute Platten, aber die Maschine versagte, stand still, war verschmutzt und verlegt. Reinigung, neuer Filz eingezogen! Aber was nun? Wasser, mehr Wasser, wir haben ja einen Bach, den Brei im Zylinderkasten nicht so dick machen! In dünnen Lagen arbeiten, nicht in 1-2 Schichten die Platte fertigstellen, in 8-10 Lagen dünner arbeiten, mehr Wasser! Die Fasern und Zement schwimmen im Wasser, sodaß im Stoffkasten nur eine dünne Brühe entsteht. Aber so wie an einer Straßenwalze Kot und Lehmteilchen auf ihrer Fahrt hängenbleiben, so hebt auch der sich drehende Zylinder, der noch dazu mit einem Sieb bespannt ist, die Faser, an der Zement haftet, aus dem Zylinderkasten empor und überträgt die dünne Schicht auf den Wollfilz. Lage auf Lage läuft auf der Formatwalze auf, die Schicht wird stärker und stärker, wird zur Platte. Die Sache geht! Ja, es geht! Noch ist die Lage aber zu weich. Entwässern! Bessere, stärkere Saugkästen, die das überschüssige Wasser absaugen! Es geht! Die Schichten sollen vor dem Abbinden, dem Erhärten, aber noch zusammengepreßt werden, stärker als bisher. 50, 100, 200 Atmosphären werden nach und nach zur Anwendung gebracht. 200.000 kg auf eine Platte von 40/40 cm. Das Gefüge wird dicht, die Poren zwischen den Zementkörnern werden verschwinden, die Platte wird fest und fester, Bruch- und Zugfestigkeit steigern sich zu überraschenden Höhen."

Das war sie also, die Geburtsstunde von "Eternit".

Nach Jahren intensiver Forschung gelang es Ludwig Hatschek nun im Jahr 1900, das passende Material und die schwierige Verbindungsmöglichkeit dafür zu finden: Asbest und Portlandzement wurde mit Hilfe von viel Wasser und einer hydraulischen Presse zu einer Faserzementplatte gefertigt. Er nannte die Platte ab 1903 ETERNIT (lat. aeternum = ewig) und meldete sie zum Patent an, wobei die industrielle Herstellung des Materials, die Anpassung und Verbesserung der Maschinen, das "Geheimnis des Rezeptes", die Grundlage bildete.

Absolute Frost- und Wetterbeständigkeit, Feuerfestigkeit und ein leichtes Gewicht ließen dieses Material in den nächsten Jahren zum qualitativ ersten und meistverwendeten Dachdeckungsmaterial werden. In ganz Europa und schließlich auch in Übersee wurde "Eternit" patentiert, Tochtergesellschaften gegründet oder Lizenzen vergeben. Das österreichische Patent wurde am 30. März 1900 angemeldet und mit

Gültigkeit vom 15. Juni 1901 unter der Nummer 5970 erteilt. Das deutsche Patent Nr. 162329 wurde am 28. März 1900 eingereicht und 1905 erteilt. Sein Wortlaut ist typisch für das Problem, die in erster Linie verfahrenstechnische Neuheit zu beschreiben: "Verfahren zur Herstellung von Kunststeinplatten aus hydraulischen Bindemitteln, unter Anwendung von Faserstoffen, dadurch gekennzeichnet, daß man das unter Zusatz großen Mengen Wassers hergestellte, innige Gemisch des hydraulischen Bindemittels und des Faserstoffes auf der Pappen- oder Papiermaschine verarbeitet, so daß die Abbindung des hydraulischen Bindemittels erst nach Fertigstellung der Platten eintritt."

Dennoch gab es große Schwierigkeiten bei der Patenterteilung, da die Sachverständigen aus der Zement- und Papierindustrie das Produkt für eine Utopie hielten. Die Zementfachleute meinten, mit so viel Wasser würde Zement seine Abbindefähigkeit verlieren. Die Papierfachleute wiederum behaupteten, daß der Zement die Papiermaschinen lahmlegen würde. Lag die Lösung des Zement-Wasser-Problems in der Mischung und Verfahrenstechnik, so wurde gerade für die Adaptierung der Maschinen viel Zeit und Arbeit verwendet.

Letztendlich aber hat sich das Patent Ludwig Hatscheks weltweit durchgesetzt, obwohl zunächst viele Jahre vergingen, um all die Umgehungspatente anzufechten. Eine Vielzahl von Patentprozessen auf der ganzen Welt mußten geführt werden. Es ist heute beeindruckend, mit welcher Konsequenz am Beginn dieses Jahrhunderts diese Internationalisierung des Produkts von Vöcklabruck aus betrieben wurde, und mit welcher Umsicht den Geschäftsentwicklungen in den einzelnen Ländern nachgegangen wurde. So versuchte beispielsweise der amerikanische Lizenznehmer durch überhöhte Preise der Faser aus seinen eigenen Minen die Lizenzsummen zu drücken. Daraufhin fuhr Ludwig Hatschek persönlich nach Amerika, kontrollierte die Bücher dieser Firma und veranlaßte anschließend seinen Schwager samt Familie zur Übersiedlung nach Amerika, um die Geschäfte dort kontinuierlich zu kontrollieren. Und zum Schluß blieb bis heute einzig Japan übrig, das niemals Lizenzgebühren für die Produktion von "Eternit" bezahlte. Schließlich schien die Sache mit dem "Eternit" doch relativ einfach zu sein. Wie gesagt: Wasser, Zement und eine Faser. Aber die Mischung war und ist entscheidend. In der Folge entstanden beispielsweise:

1903 die schweizerischen Eternitwerke in Niederurnen, 1904 die französische Fabrik in Poissy bei Paris, 1905 die amerikanische Fabrik in Ambler, Pennsylvania, die belgische Fabrik in Haren bei Brüssel, 1906 die schwedische Fabrik in Lomma, 1907 die italienische Fabrik in Casale Monferato bei Genua, 1908 die drei Fabriken in Rußland, in Baku, Lublin und Rostow, 1910 die Fabrik bei Braila in Rumänien.

Bereits 1910, ein Jahrzehnt nach der Erfindung, gab es "Eternit"-Fabriken in Frankreich, Ungarn, Schweiz, Belgien, Italien, England, Schweden, Rußland, USA, Holland, Portugal, Dänemark, Böhmen, Mähren, Jugoslawien, Rumänien und Kanada.

Die entscheidende Aufbauphase und Internationalisierung von "Eternit" war bis zum ersten Weltkrieg abgeschlossen. In den letzten Jahren davor wurden bereits 24 Millionen Tonnen pro Jahr verkauft. Unermüdlich forschte und suchte Ludwig Hatschek bis zu seinem Tode im Jahr 1914 nach neuen Aufgaben der Anwendung für "Eternit". Die Möglichkeit der Erzeugung von Rohren stand bevor, und von der Idee, Telefon- und Telegrafenmasten, ja sogar Stäbe für die Reben in den Weingärten und Eisenbahnschwellen aus "Eternit" zu erzeugen, war er begeistert.

So wurden bereits 1913 erste Versuche zur Produktion von Eternitrohren unternommen. Einfach schien die Idee, die auf der Formatwalze produzierte "Eternitmatte" nicht zu schneiden, sondern von der Walze direkt als Rohr abzuziehen. Obwohl die Versuche in Vöcklabruck erfolgreich waren, gelang es aber erst während des ersten Weltkriegs der italienischen Schwesterfabrik, die Produktion von Eternitrohren serienreif zu entwickeln. Mitte der fünfziger Jahre existierten dann weltumspannend, auf allen Erdteilen "Eternit"-Fabriken. Der neue Baustoff, die Erfindung aus Vöcklabruck, ist Bestandteil dieser Welt geworden.

Eternit, Vöcklabruck und die Architektur

Prinzipiell gab es im 19. Jahrhundert zum Zeitpunkt der industriellen Revolution nur zwei Standorte, die für Ansiedlungen von Fabriken in Frage kamen. Im Umkreis der Städte, der Metropolen, wo mit einem ausreichenden Potential von Arbeitskräften gerechnet werden konnte, oder am freien Land, bei den Dörfern, dort wo die benötigten Rohstoffe vorhanden waren.

Weder das eine noch das andere traf auf Vöcklabruck, als Standort der Produktion von "Eternit" zu. Alles was vorhanden war, waren eine Fabrik und Wasser, und das Wissen um die Art der Erzeugung. Die beiden anderen Materialien, die Faser und Zement mußten anfänglich zugekauft werden. Und die Arbeitskräfte mußten im bäuerlichen Umland gefunden werden.

Die Versorgung mit Fasern für die Produktion wurde von Beginn an durch langfristige und immer wieder erneuerte Lieferabkommen mit Rußland und später der Sowjetunion gesichert. Ludwig Hatschek schloß bereits 1903 den ersten Kontrakt mit Baron Etienne Girard aus Reval und Vinzenz von Poklewski aus St. Petersburg, beide Besitzer der Asbestminen im Ural, der ihm eine ausschließliche Lieferung des russischen Asbestes sicherte.

Der nötige Zement zur Produktion wurde anfänglich von der Firma Hofmann & Co. in Kirchdorf an der Krems bezogen. Um sich aus dieser Abhängigkeit zu befreien, wurde in der Nähe von Vöcklabruck nach einem ausreichenden Vorkommen an Rohmaterial zur eigenen Zementerzeugung gesucht und schließlich in Ebensee und Gmunden, wo auch die Fabrik errichtet wurde, gefunden. Mit diesen Standorten begann sich die regionale Bedeutung der Hatschek-Unternehmungen zu festigen.

Man kann also davon ausgehen, daß die "Unternehmung" des Ludwig Hatschek und die Erfindung von "Eternit" sich an jedem anderen Ort der Welt auch hätten ereignen können. Für "Eternit", die Idee, die Erfindung und die Produktion, blieb aber Vöcklabruck der Mittelpunkt der Welt.

Vöcklabruck - wer oder was war die Stadt vor "Eternit" ? Vöcklabruck ist eine kleine Stadt im Herzen von Oberösterreich und liegt ungefähr in der Mitte zwischen Linz und Salzburg, am Beginn des Salzkammergutes an der Westbahnstrecke. Vöcklabruck hat seit 1353 das Stadtrecht, und verdankte seine Entwicklung dem Handel und Gewerbe. Im 19. Jahrhundert wurden eine Kattunfabrik, sowie Webereien, Gerbereien, eine Papierfabrik und eine Feilenhauerei und Metallwarenfabrik ansässig. Ludwig Hatschek übernahm die alte Papiermühle in Schöndorf, dem heutigen Stadtteil im Süden, und widmete sie um zu einer Asbestwarenfabrik. Erst die Erfindung von Asbestzement und dessen Anwendung als Dachplatte brachten den Erfolg und somit auch die Vergrößerung der Firma mit sich. Wie sehr sich das Firmengelände an der Ager verändert hat, verdeutlicht die Gegenüberstellung der Luftaufnahmen von einst und jetzt. Die Geschichte hatte allerdings mehr Einfluß auf den Betrieb, als umgekehrt. So forderte die Wirtschaftskrise der dreißiger Jahre ihren Tribut, im Februar 1934 beschäftigte "Eternit" nur mehr 14 Personen. Vor dem zweiten Weltkrieg war dann im Sommer 1939 mit ungefähr 840 Mitarbeitern der Höchststand erreicht. Dagegen ermöglichte der Bauboom seit den sechziger Jahren eine geradezu explosive Ausweitung des Unternehmens. So lag die absolut höchste Mitarbeiterzahl im Jahr 1972 bei 1.822 Personen.

Die Bevölkerung von Vöcklabruck wuchs in diesem Jahrhundert von ca. 3.500 Einwohnern um 1900 auf heute ca. 11.000 Einwohner an. Natürlich trugen dazu auch andere Betriebe, etwa die Chemiefaserfabrik in Lenzing bei. Einige Betriebe wuchsen aus dem Unternehmen "Eternit", so das Flanschen und Armaturenwerk von E. Hawle & Co, sie erzeugen die Verbindungsteile der "Eternit"-Rohre.

Das Verhältnis des Unternehmens zu den Mitarbeitern und zur Stadt beruhte auf dem patriarchalischen Verständnis des Unternehmertums des 19. Jahrhunderts. Werkswohnungen wurden von der Familie Hatschek geschaffen, umfangreiche Aus- und Weiterbildungsmöglichkeiten für die Mitarbeiter, Kantinenessen, Schichtbusse und gleitende Arbeitszeit.

Kulturell interessant für die Entwicklung der Stadt Vöcklabruck sind die städtebaulichen und architektonischen Interventionen und Einflüsse, die von "Eternit" und der Familie Hatschek wahrgenommen wurden. Friedrich Achleitner schreibt dazu in seinem Standardwerk zur Österreichischen Architektur im 20. Jahrhundert: "Die 'Eternit-Werke' hatten nicht nur auf das wirtschaftliche Gedeihen der Stadt Einfluß, sondern vor allem auch durch die besondere Baufreudigkeit der Familie Hatschek, die sich nicht nur in Sozialbauten der Fabrik (Siedlungen, Folgeeinrichtungen), sondern auch in Bauten für die allgemeine Wohlfahrt (Hatschek-Krankenhaus) ausdrückte."

Das Krankenhaus (1927-30), das Achleitner zudem zu den "zweifellos besten Bauten der zwanziger Jahre in Oberösterreich" zählt, stammt von den Architekten Heinrich Schmid und Hermann Aichinger, ein Vetter des Vöcklabrucker Baumeisters Franz Aichinger. Das Atelier Schmid und Aichinger war vornehmlich und äußerst erfolgreich in Wien tätig und hat dort eine der bedeutendsten Wohnanlagen der Gemeinde Wien der Zwischenkriegszeit, den "Raben-Hof" mit über 1000 Wohnungen geschaffen. Dazu waren sie durch weitere große Wohnanlagen eines der meistbeschäftigten Büros für das Volkswohnungsprogramm der Gemeinde Wien (Herwegh-Hof, Julius-Popp-Hof, Matteoti-Hof, etc.). Beide, Schmid und Aichinger, waren Schüler von Otto Wagner an der Akademie der bildenden Künste in Wien.

"Eternit" ist sich dieser architektonischen Tradition bewußt. Als Mitte der achtziger Jahre der Wiener Kunsthistoriker Prof.Dr.Otto Antonia Graf, der profundeste Kenner des Werkes von Otto Wagner, einen Teil des Wagner-Nachlasses in Linz entdeckte und Fritz und Rupert Hatschek davon informierte, wurden diese wertvollen architekturhistorischen Blätter von "Eternit" erworben und damit vor einem drohenden

Verkauf ins Ausland gerettet. "Eternit" zeigte diesen letzten Teil des Nachlasses von Otto Wagner 1985 in einer Ausstellung und übergab ihn dann als großzügige Schenkung der Akademie der bildenden Künste. Über diese kulturelle Tat hinaus ist der Zusammenhang von "Eternit" und Otto Wagner durch die Zusammenarbeit mit einigen seiner Schüler gegeben.

Denn nicht nur Schmid und Aichinger, sondern auch Mauriz Balzarek war Otto Wagner-Schüler, und er war der bedeutendste Jugenstil-Architekt in Oberösterreich. Er wurde von Ludwig Hatschek zu mehreren Aufgaben herangezogen. Es begann mit dem Kauf der später so genannten "Villa Hatschek" auf der Gugl in Linz. Dies muß in den Jahren 1905 bis 1908 geschehen sein (hierzu gibt es unterschiedliche Angaben). Notwendig wurde der Kauf dieser Villa, um in der Landeshauptstadt die notwendigen Repräsentationspflichten wahrnehmen zu können und auch um geschäftliche Besuche zu empfangen.

Die Villa in Linz war ein Bau der international tätigen Wiener Architekten Fellner und Helmer und wurde für Hatschek durch die "Brüder Friedrich Otto Schmidt" neu eingerichtet. In dieser Zeit schrieb Ludwig Hatschek einen Wettbewerb zur Umgestaltung der "Bauernberganlagen" aus. Der Gärtner der Familie Hatschek, Josef Schweiger wurde mit der Leitung der Neugestaltung betraut, und wurde später der Stadtgartendirektor von Linz. Einen Großteil dieser ursprünglich zur Villa gehörenden Parkanlagen machte Ludwig Hatschek 1910 der Stadt Linz zum Geschenk, die ihn dafür zum Ehrenbürger ernannte. Bei der architektonischen Gestaltung der Anlagen war Mauriz Balzarek beigezogen, der verschiedene Projekte und Entwürfe gemacht haben dürfte. Alexander Wied, der Anfang der siebziger Jahre eine grundlegende kunsthistorische Arbeit zur Jugendstilarchitektur in Linz verfaßte, schrieb dazu: "... und die Jugendstil-Gartengitter, nach Entwürfen von Mauriz Balzarek von Schlossermeister Karl Enzensimmer ausgeführt, setzten architektonische Akzente, die mit der Wegführung wohl abgewogen waren ... Der Großteil der Projekte von Balzarek aus dem Jahr 1913 wurde zwar nicht ausgeführt, doch folgte die Gestaltung des Aussichtsplateaus und der Gitter Balzareks Ideen." Friedrich Achleitner merkt dazu an, daß Balzarek diese Gitter noch einmal in Bad Schallerbach bei der Trattnach-Regulierung verwendete. Nachgewiesen bei Achleitner ist weiters, daß Balzarek auch das Portierhäuschen der Villa gestaltete. Den Erinnerungen von Hans Hatschek ist zu entnehmen, daß Mauriz Balzarek zusätzlich auch das Bürozimmer für Ludwig Hatschek in der Villa auf der Gugl eingerichtet hatte. Die

Villa wurde 1971 von Fritz Hatschek an die oberösterreichische Landwirtschafts-kammer verkauft, die sie dann umgestaltet hat. Die Bauernberganlagen von Lud-wig Hatschek sind aber bis heute für die Bevölkerung in Linz öffentlich zugänglich.

Ab 1910, also praktisch zum Zeitpunkt des Beginns der Benützung der Villa, brach bei Ludwig Hatschek die schwere Krankheit aus, an der er 1914 verstarb. Hans Hat-schek hingegen (geboren 1890) befand sich zu dieser Zeit noch in Ausbildung, und besuchte verschiedene Hochschulen (Zürich, Wien, München). Für die Konti-nuität der Generation und des Unternehmens war in dieser Zeit des Übergangs ganz maßgeblich Hans Czerwenka (1875-1961) als leitender Direktor verantwortlich.
Nach Abschluß der Arbeiten bei der Villa auf der Gugl und den Bauernberganlagen in Linz, wurde Mauriz Balzarek auch in Vöcklabruck für die Familie Hatschek tätig. Er dürfte einige Umplanungen am Herrenhaus Hatschek vorgenommen haben, plante ein heute noch vorhandenes Badehaus (1911), und sein Engagement für den neuen Baustoff zeigte sich bei der Konzeption eines "Eternit"-Versuchshauses (1911-12), an dem die universelle Anwendbarkeit von "Eternit" exemplarisch vorge-führt wurde. In dieser Zeit, vor 1914, entwarf Mauriz Balzarek für die "Eternit"-Fa-brik in Vöcklabruck auch seinen einzigen Industriebau, einen Wasserturm, der heu-te von einem neuen Gebäude umbaut ist.

Von 1910 bis zu den dreissiger Jahren waren dann sowohl Mauriz Balzarek als auch die jüngeren Wagner-Schüler Schmid und Aichinger fast Hausarchitekten des Un-ternehmens. Balzarek baute die Beamten-Reihenhäuser der Gmundener Zement-werke in Pinsdorf (1929) und die ebenfalls von Beamten der Firma "Eternit" be-wohnte Hatschek-Siedlung in der Hatschek-Straße 27-45 in Vöcklabruck-Schöndorf (1930). Gleichzeitig gibt es schon 1908 ein Doppelhaus von Hatschek in der Bruck-nerstraße 16-18 in Vöcklabruck von Schmid und Aichinger. Auch die Häuser Bruck-nerstraße 10 und 20 wurden, laut Mitteilung von Fritz Hatschek, vom Unterneh-men errichtet. Die biographischen architektonischen Verflechtungen werden dann Ende der zwanziger Jahre besonders pikant. Schmid und Aichinger bauen 1922 das Wiener Verkehrsbüro am Ende des Naschmarkts mitten am Wiener Karlsplatz. Einer jener seltenen Bauten, die von Anfang an nur über eine provisorische Baugenehmi-gung verfügen und trotzdem heute unter Denkmalschutz stehen. Anfang der dreißiger Jahre gelingt es ihnen, die grundsätzliche Bebauungsstudie für das neue Wiener Funkhaus in der Argentinierstraße zu verfassen, und sie werden nach dem folgenden Wettbewerb mit Clemens Holzmeister in ein Team gezwungen (1935-39).

Schmid und Aichinger haben sich in dieser Zeit vom Expressionismus zu einer betont moderaten Moderne österreichischer Prägung weiterentwickelt, wofür schließlich auch ihr Vöcklabrucker Hatschek-Krankenhaus bedeutendes Zeugnis ablegen kann. Und gleich neben ihrem "alten" Verkehrsbüro haben sie mit dem Wohn- und Geschäftshaus "Bärenmühle" (1937-38) ein Bekenntnis zur gemäßigten Form der österreichischen Moderne dieser Zeit abgelegt.

Clemens Holzmeister wiederum, in den dreißiger Jahren einflußreicher Leiter der Meisterklasse für Architektur an der Wiener Akademie, Staatsrat für Kunst im Austrofaschismus, kam vermutlich über Schmid-Aichinger (Funkhaus) mit der Familie Hatschek in Kontakt und wurde bald ein renommierter Fürsprecher für "Eternit", das er später in vielen seiner Werke, selbst in der Türkei, einsetzte.

Ein Schüler von Clemens Holzmeister wiederum war der Vöcklabrucker Hannes Eiblmayr, der in den dreißiger Jahren die Nachfolge von Balzarek und Schmid-Aichinger antrat. Er wurde 1935 von Hatschek mit dem großen urbanen Projekt in Vöcklabruck beauftragt, mehrere bestehende Häuser zum "Haus Hatschek" am Stadtplatz umzubauen. Er entwickelte dafür eine moderne Lösung mit Kino, Café und Laubengangwohnungen. Wir sehen also in der Zeit von der Jahrhundertwende, beginnend mit den Umbauten der Villa Gugl, bis Mitte der dreißiger Jahre sehr enge und kontinuierliche Partnerschaften der Familie Hatschek und damit auch von "Eternit" mit einer Gruppe hervorragender Architekten, die letztlich auch in der Stadt Vöcklabruck ihre deutlichen Spuren hinterließen. Man könte diese architektonischen und biographischen Verflechtungen noch weiter spinnen, wenn man beispielsweise den Architekten Leo Keller erwähnt, der im Büro von Schmid-Aichinger gearbeitet hatte, und dann in Oberösterreich viele wichtige und interessante Bauten errichtete, u.a. die Moritz-Etzold-Turnhalle in Wels.

Nach dem Zweiten Weltkrieg war der Kontakt von "Eternit" zu Architekten nicht mehr so sehr von den biographischen Verflechtungen der Pionierzeit geprägt. Es waren mehr punktuelle Begegnungen, wie die Mitwirkung von Carl Auböck an der mit höchstem Engagement vom Schweizer Architekten F.F.Adler betreuten "AC-Revue" oder die exemplarische Verwendung von "Eternit"-Platten am Österreich-Pavillon der Weltausstellung in New York 1964 durch Gustav Peichl. Erst in den letzten Jahren wurde "Eternit" von führenden österreichischen Architekten geradezu wiederentdeckt, wofür nicht zuletzt dieses Buch Zeugnis legt.

Ludwig Hatschek und seine Gattin Rosa, geb. Würzburger

Wohnzimmer in der Villa auf der Gugl, Linz

altes Stadtbrauhaus auf der Donaulände, Linz

Villa auf der Gugl, Linz

Arbeitszimmer von Ludwig Hatschek
Architekt Balzarek

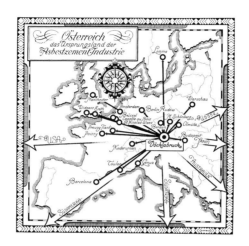

Serpentinstein mit den kristallinen Ausscheidungen
(Asbest) in den Spalten und Rissen des Muttergesteins

Asbestgrube in Kanada

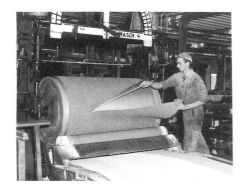

Plattenproduktion auf der Formatwalze und Wellplatten-
fertigung auf der Sauger-Hebe-Vorrichtung

Erste österreichisch-ungarische Asbestwaren-Fabrik
Ludwig Hatschek, Vöcklabruck

Eternitwerke, Ludwig Hatschek nach 60 Jahren

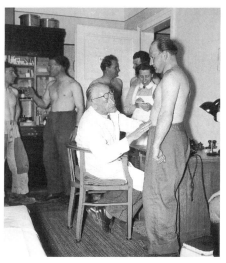

Gesundenuntersuchung im Werk "Hatschek"

Parkanlage, Geschenk Ludwig Hatscheks an die Stadt Linz

Siedlung Schöndorf bei Vöcklabruck, 1955

Feuerwehrdepot Gnigl
Fa. Morawetz und Tenner, vor 1932

Reka-Kupplung, im "Eternit"-Werk patentiert
Hochquellwasserleitung der Gemeinde Wien in den
Wildalpen

Dachlandschaften

Das Dach schließt das Haus zum Himmel hin ab, es ist ein Teil der Architektur. Erst das Dach macht das Haus zu einem in sich geschlossenen Baukörper. Je nach Art tritt es für den Betrachter in Erscheinung oder nicht. In seiner Funktion ist es entweder nur Abschluß (Wetterschutz) oder Wohnraum (Mansardendach). Es kann sich jedem Grundriß anpassen, ist aber in ihm noch nicht erkennbar. Vor der Jahrhundertwende überließen viele Architekten die Form dem Zimmermann und Dachdecker und schlossen ihre Pläne mit dem Hauptgesims ab. Es entstand eine willkürliche Neigung, da man sich nach den vorhandenen Baumaterialien und den klimatischen Bedingungen richtete. Die verbreitetsten Dachdeckungsmaterialien waren Naturschiefer und Ziegel.

Aus der Geschichte der Erfindung von "Eternit" wissen wir, daß am Beginn die Suche nach einem neuen Material für den vordringlichen Zweck der Dachdeckung stand. Um 1900, zum Zeitpunkt der Erfindung, waren die meisten Bauernhäuser noch mit Stroh gedeckt. Im Gebirge herrschten Schindeldächer vor, und auch einige Blechdächer gab es. Ziegel war damals teuer und von keiner dauerhaften Qualität. "Eternit" entdeckte hier eine Marktlücke, da es dauerhafter und billiger als die konventionellen Materialien war. Ludwig Hatschek entwickelte auf der Suche nach einem Massenasbestzementprodukt eine Dachplatte, die dünn, unbrennbar, widerstandsfähig und preiswert war. Die quadratische Dachplatte von 60 mal 60 cm erwies sich bald als zu groß, und man verkleinerte auf 40 mal 40 und auf 30 mal 30 cm, wobei aber eine Zwischenlösung, das Format 40 mal 30 eigentlich Standard wurde.

Dennoch war es in den ersten Jahren schwierig, potentielle Anwender von der Güte und Dauerhaftigkeit des neuen Materials zu überzeugen. Der entscheidende Durchbruch des Materials gelang 1908 mit einem Generalauftrag für die Tauernbahn. Von Schwarzach/St.Veit über Villach bis Triest wurden alle Stationsgebäude, alle Magazine und Bahnwärterhäuser mit "Eternit" gedeckt. Die Dachdeckung der Bauten einer Bahnstrecke war natürlich durch den beständigen Funkenflug der Dampflokomotiven eine besondere Bewährungsprobe. Es braucht wohl nicht mehr extra betont zu werden, daß man entlang dieser Bahnstrecke heute noch an vielen Objekten die inzwischen patinierte aber immer noch intakte Dachdeckung von damals findet.

Titelblatt eines der ersten von Ludwig Hatschek verfaßten Prospekts, 1904

Auf das "Dach" baute auch Ludwig Hatschek seine erste Vertriebsorganisation auf. Den Strohdächern wurde in erster Linie der Kampf angesagt. Und in Frage kommende Dachdeckermeister, Spengler- und Zimmermeister wurden untersucht und geprüft. 300 - 400 Vertreter waren es schließlich, die als Vertriebspartner ausgewählt und besonders betreut wurden.

Die erfolgreiche Durchbruch der "Eternit"-Platten beruhte auf der Entscheidung für das Quadratformat von 40 mal 40 cm mit abgestutzen Ecken, und wurde auf das Eck gestellt verarbeitet. Die Originalität dieses so genannten Schablonen-Systems bestand in der von Ludwig Hatschek erfundenen "Sturmklammer". Jede Platte hatte ein an der unteren Ecke gestanztes Loch, das bei Steinschiefer nicht, wohl aber beim elastischen ""Eternit"-Schiefer" möglich war. Diese Sturmklammer, ein Stift mit einer Scheibe, wurde unter die Stutzkanten zweier Platten geschoben, und der Stift griff durch das Loch der darüberliegenden Platte und wurde dann umgebogen. Dadurch widerstand das "Eternit"-Dach den Stürmen besser als eine Ziegeloder Strohdeckung.

Ungewohnt für viele waren aber die durch diese Form der Dachdeckung bedingten diagonalen Linien der Dachfläche. Heute geradezu ein Sinnbild der "historischen Bedeutung" von "Eternit" und jetzt wieder gerne von Architekten verwendet, mag diese als Beweis gelten, daß es die Zeit ist, die ihr Urteil über die "Natürlichkeit" eines Baustoffs und die "Schönheit" seiner Anwendung fällt.

In Reaktion auf die geäußerte ästhetische Kritik an der diagonalen Anwendung entwickelte Ludwig Hatschek um 1910 die sogenannte "Rhombusdeckung". Diese Platten wurden ohne Sturmklammern horizontal verlegt. Zweck dieser Entwicklung, die hohe Investitionen in neue Maschinen, Schneidetische und Pressen erforderte, war die Anknüpfung an das "gewohnte Bild" einer Schiefer- oder Ziegeldeckung mit eindeutigen horizontalen und nur einer schrägen Linie.

"Eternit" folgte damit einem ästhetischen Wunsch der Kunden und deshalb hieß es in einem 1911 herausgegebenen Katalog: "... dem in baukünstlerischen Kreisen wiederholt laut gewordenen Wunsche nach einer im Aussehen und der Deckungsweise dem deutschen Schieferdache ähnlichen Deckung zu entsprechen."

Die Rhombus-Deckung stieß zwar im Verhältnis zur Schablonen-Deckung auf höhere Akzeptanz, aber noch immer gab es Schwierigkeiten mit den ästhetischen Kategorien der Behörden. Und mehrmals ausdrücklich erwähnt wird in den Erinnerungen von Hans Hatschek die explizite Gegnerschaft zu "Eternit" durch den Thronfolger

Franz Ferdinand. Diese Position ist geradezu typisch für Franz Ferdinand, der jeder architektonischen und technischen Neuerung gegenüber feindlich eingestellt war. Franz Ferdinand spielte eine ebenso intellektuell beschämende wie machtpolitisch gewichtige Rolle als historistischer Geschmacksdiktator am Ende der Monarchie. Seine Gegnerschaft zu allen "modernen Bewegungen" ist evident. Er bekämpfte Otto Wagner und Josef Plecnik. Dem Jugendstil und der Moderne überhaupt hatte Franz Ferdinand den Kampf angesagt. Sein Ideal, sein Glaubensbekenntnis, war eine Art "mariatheresianisches Neobarock". Sein Credo, eine Rückkehr zum Schönbrunner-Stil, und er war damit stilistisches Sprachrohr aller reaktionären und restaurativen Kräfte, die sich letztlich erfolglos gegen die Entwicklung der Zeit zum Schutze alter Privilegien stemmten.

Eine kritische Analyse der Wirkungsgeschichte von Franz Ferdinand in ihrem Verhältnis zur Entwicklung der österreichischen Architektur steht noch aus, es darf aber vermutet werden, daß hier vom Thronfolger vertretene, verdeckte und verdrängte Emotionen eines "unvollendeten Barock" bis heute nachwirkend die Diskussion der Architektur in Österreich beeinflussen und belasten.

Schwer getroffen hat es die Entwicklung von "Eternit", daß es Franz Ferdinand persönlich war, der eine "weiße Schablonendeckung" - sie muß beeindruckend elegant gewirkt haben (!) - vom Kloster Traunkirchen wieder entfernen und durch Ziegel ersetzen ließ. Hans Hatschek jedenfalls war daraufhin nicht besonders gut auf den Thronfolger zu sprechen, wie er in seinen Erinnerungen mit folgender Begebenheit darlegt:

"Im nächsten Jahr 1913 hatte ich nochmals Waffenübung, diesmal mit dem Auto in der Nähe von Tabor bei den großen Manövern, die zu argen Auseinandersetzungen zwischen Generalstabschef Conrad von Hötzendorf und dem Thronfolger führten, weil letzterer seiner Gemahlin zuliebe vier Kavallerieregimenter Attacke reiten ließ. Ich fuhr General Kirchbach von Lauterbach zu den Besprechungen und konnte Franz Ferdinand Este aus nächster Nähe beobachten, der mir einen höchst unsympathischen Eindruck machte. Schon die violett livrierten Diener mit Silberverschnürung, Wein in einem Becher reichend, paßten nicht zu einem ernsten Manöver so großen Ausmaßes."

Es blieben nach wie vor die Einwendungen des Denkmalamtes gegen "Eternit", das diese Eindeckung bei Kirchen, Schlössern und historischen Gebäuden anfänglich untersagte. Auch viele konservative Architekten waren zunächst Gegner, da sie der

"Eternit"-Deckung ein "kaltes, flaches, schattenloses Aussehen" unterstellten, wie es Hans Hatschek in seinen Erinnerungen an Ludwig Hatschek bemerkt. Deshalb auch machte sich Hans Hatschek auf die Suche nach einer künstlich erzeugten "Patina", die, ähnlich Kupferdächern, einen beschleunigten Alterungsprozeß simulierte. Erste Versuche mit einer Tauchlösung aus Kupfersulfat schlugen fehl, aber mit Eisensulfat als Tauchlösung und später mit der Zugabe von eingearbeiteten Eisenfeilspänen, konnte man dann die gewünschte braune Tönung erzeugen. Das erzeugte schließlich auch bei Denkmalbehörden die nötige Akzeptanz.

Die Erhaltung des Daches ist eine wesentliche Voraussetzung für den Bestand von Burgen, Schlössern und anderen Kulturdenkmälern. Auch wenn ein Bauwerk in früheren Zeiten eine Dachdeckung aus keramischem Material, Schiefer oder Holz hatte, wurde aus wirtschaftlichen Gründen oft "Eternit" verwendet. Als beispielsweise das Holzschindeldach von Schloß Halbturn abbrannte, ersetzte man es durch "Eternit", weil es galt, das Fresko von Franz Maulpertsch dauerhaft zu schützen. Eigens für den Denkmalschutz wurden von "Eternit" dunkle "Steinschindel" in der Nachkriegszeit entwickelt.

Schloß Halbturn, Eternitdach nach Großbrand, 1949

Diesen Fortschritt beschreibt Clemens Holzmeister in der "Eternit-Post" 1936 so: "Welcher Wandel ! vor Jahren noch trotz von Anfang an vortrefflicher technischer Eigenschaft von den Architekten und denen, denen das Landschaftsbild lieb ist, gemieden, heute durch die Farbe und Form die Ideallösung der Dacheindeckung. Insbesondere dann wenn das Dach im Gesamtbilde eine Rolle zu spielen hat, wie etwa hier bei dem Österreichischen Gesandtschaftsgebäude in Ankara."

Gesandschaftsgebäude, Ankara
Architekt: Clemens Holzmeister, 1933/34

Die moderne Architektur entdeckte für sich den Körper des gesamten Gebäudes. Sie war und ist nicht mehr, wie noch im Historismus, auf Grundriß und Fassade reduziert. Am Beginn des 20. Jahrhunderts überlegte man sich auch den neuen Blick aus dem Flugzeug auf die Dachlandschaften - für Walter Gropius Grund genug, die Flugzeugperspektive in die Gesamtplanung miteinzubeziehen. Er verlangte mehr Dachgärten, um die Steinwüste der Großstadt zu verkleinern. Auch Laszlo Moholy-Nagy beschäftigt sich mit dieser neuen Sicht : "Aber das wesentlichste ist für uns die Flugzeugsicht, das vollere Raumerlebnis, weil es alle gestrige Architekturvorstellung verändert. Architektur" bezeichnet er "als Gliederung des universellen Raumes" (Vom Material zur Architektur, München 1929).

Dieser Blick auf die Dachlandschaften wurde durch die Erfindung von "Eternit", durch dieses umfassend verwendbare und verwendete neue Material verändert.

Heute, am Ende des 20. Jahrhunderts, erscheinen uns alte, verwitterte "Eternit"-Dächer genauso gewohnt historisch wie Ziegel- oder Steindächer. Die am Anfang des Jahrhunderts gesuchte künstliche Patina hat sich zu einer wirklichen verwandelt. Zementausblühungen, Flechten, Pflanzen, Verschmutzung und Verwitterung geben "Eternit"-Dächern im Lauf der Jahrzehnte eine beständige Würde, die die Platte in ihren natürlichen Materialkomponenten förmlich verewigt.

Man könnte hier exemplarisch eine Art von später Rache der Moderne erkennen, einer Moderne des Materials, die selbst inzwischen in die Jahre gekommen ist, und nun eine historische Originalität beanspruchen darf. Man wird, das soll damit behauptet werden, einmal "Eternit"-Dächer im Namen einer ohnehin fiktiven historischen Authentizität vor ihrem Ersatz durch Stein oder Ziegel denkmalbehördlich zu schützen haben.

Franz-Josefsbahnhof, Wien VIII, 1929

Die "Rhombusdeckung"

Halle in Donawitz

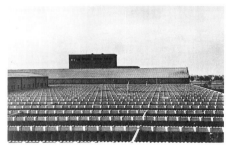

Spanische Automobilfabrik Seat, Barcelona

Indisches Industriewerk der Burmah-Shell-Ges. Bombay

Stahlindustrie A.g. Wagner- Biro, Stadlau

Die neue Bekleidung

Als anläßlich der nach umfangreichen Umbauarbeiten erfolgten Wiedereröffnung des Wiener Museums für angewandte Kunst die Künstlergruppe "Gang-Art" bei der Neugestaltung des Schauraums der Teppichsammlung die wertvollen alten Teppiche mit großflächigen "Eternit"-Tafeln kombinierten, war die Überraschung groß. Das billige "Eternit" und die wertvollen kunsthistorischen Teppiche des Museums gemeinsam? Und doch haben "Gang-Art" damit - abgesehen von der ästhetisch überzeugenden Lösung und der damit erfolgten "Veredelung" von "Eternit" - den Kern der Sache getroffen: Beide, Teppiche und "Eternit", folgen allein dem "Prinzip der Bekleidung". Sind nichts als Bekleidung, sind das Material für den Ursprung der Architektur schlechthin. Adolf Loos schreibt in seinem Aufsatz "Das prinzip der bekleidung" 1889 dazu folgendes:

Gang-Art, Neugestaltung des Schauraums im Museum für angewandte Kunst, Wien, 1993

"Sind für den künstler alle materialien auch gleich wertvoll, so sind sie doch nicht für alle seine zwecke gleich tauglich. Die erforderliche festigkeit, die notwendige konstruktion verlangen oft materialien, die mit dem eigentlichen zwecke des gebäudes nicht im einklang stehen. Der architekt hat etwa die aufgabe, einen warmen, wohnlichen raum herzustellen. Warm und wohnlich sind teppiche. Er beschließt daher, einen teppich auf den fußboden auszubreiten und vier aufzuhängen, welche die vier wände bilden sollen. Aber aus teppichen kann man kein haus bauen. Sowohl der fußteppich wie der wandteppich erfordern ein konstruktives gerüst, das sie in der richtigen lage erhält. Dieses gerüst zu erfinden, ist die zweite aufgabe des architekten."

Adolf Loos versucht in diesem Aufsatz den Ursprung der Architektur auf die Bekleidung zurückzuführen. Er folgt damit Gottfried Semper (Der Stil, München 1878), von dem die ursprüngliche Theorie dazu stammt. Als Begründung verweisen beide auf die enge Verwandtschaft der Wörter "Gewand - Wand, Decke - Decke". Wenn es zum Zeitpunkt, als Semper und Loos ihre Arbeiten schrieben, die "Eternit"-Platten schon gegeben hätte, dann wäre sicher auch der Vergleich "Platte - Bekleidung", noch dazu gekommen. Gottfried Semper geht es aber niemals um die unmittelbare Sichtbarmachung von Material und Konstruktion, sondern er sieht in der Textilkunst den Ursprung der Kunst überhaupt.

Loos hingegen spricht nicht nur vom Ursprung der Architektur in seiner Bekleidungstheorie, sondern geht einen Schritt weiter, indem er die Beschaffenheit des

Materials miteinbeziert: "Was die mauerkörper übrig lassen, sind dann die räume. Und für diese räume wird nachträglich die bekleidungsart gewählt, die dem architekten passend erscheint."

Er kommt somit von der Bekleidungstheorie zur Verkleidung und zeigt, das diese so alt wie die Baukunst selbst ist. Gebäude wurden verkleidet, um der Wand Struktur zu geben. Gleichzeitig sollte das Haus vor jedem Wetter geschützt sein. Die Verkleidung verhalf ihm auch optisch wärmer zu wirken. Holzschindeln etwa deckten nicht nur Dächer, sondern verkleideten auch Wände. Da die Dachplatte "Eternit" erfunden und erprobt war, lag es nahe, sie ebenso zur Verkleidung der Wand heranzuziehen.

Eternit-Versuchshaus, Architekt Mauriz Balzarek
1911

Die ursächliche Bestimmung von "Eternit" war von Anfang an und ist bis heute die Funktion der Bekleidung. Es war eine "Erfindung" für eine auch theoretisch neue Funktion. Denn die grundlegende neue Frage der Architektur der Moderne war die statische und damit inhaltliche Trennung von Konstruktion und Bekleidung, von Statik und Hülle. Erst dieser Schnitt erlaubte der Architektur das Problem des Bauens neu zu denken. Stoffe der Bekleidung waren auch in der Geschichte, Teppiche, Matten, dünne Steinplatten, Blechtafeln, Holzplatten. Genauso ein Material war "Eternit" auch. Eine weiche Matte zunächst, unendlich lang, geschnitten, gepreßt, getrocknet, vollendet zur harten, unverwüstlichen Platte.

Um dies zu demonstrieren, entwickelte Mauriz Balzarek die "Eternit"-Versuchshäuser am Werksgelände in Vöcklabruck, in Gmunden und in Niederurnen in der Schweiz. Und Balzarek folgte dabei schon 1911 den Kriterien der Moderne. Das Versuchshaus war ein Fachwerksbau, innen und außen mit "Eternit"-Platten verkleidet, und

Wien XIII, Leitenwaldgasse 2, Quaderdeckung und
Quaderverkleidung, 1937

die Wände mit Torfmull gefüllt. Sowohl bei Einfamilienhäusern als auch an Feuermauern von mehrgeschoßigen Wohnbauten verkleidete man die Wetterseiten, um die Mauer vor der Witterung zu schützen. Die Ausführungen waren um 1935 schon recht vielfältig, wobei "der moderne Geschmack die Betonung der waagrechten Linienführung bevorzugt, die besonders bei der Doppeldeckung mit Rechtecksteinen und der sogenannten Quaderdeckung vorteilhaft zum Ausdruck kommt.", wie der "Eternit-Post" vom Dezember 1935 zu entnehmen ist.

Mag sein, daß am Anfang der Verwendung von "Eternit" an Außenwänden und Wetterseiten der dauerhafte Ersatz von Holzschindeln beabsichtigt war. Aber im Lauf der Jahre der Anwendung bekam der "Ersatz" eine Eigenwertigkeit. Dies belegen auch Werbeslogans aus den fünfziger Jahre. Der Ziegel wurde "gebrannte Erde" genannt, der Beton "flüssiger Fels" und schließlich "Eternit" "die steinerne Haut".

Wien IV, Mariahilfergasse, 1931

Die Struktur der Schuppen von "Eternit" wirkte dann besonders beeindruckend, wenn sie nicht partiell, sondern großflächig zur Deckung angewendet wurden, und damit auch struktureller Teil, echte Haut der Architektur wurden. So verkleidete die Zuckerfabrik von Enns sowohl ihr Hauptgebäude als auch ein Magazin mit "Eternit". Diese Form der spitzbögigen Halle wurde von der deutschen Holzbauindustrie in der Zwischenkriegszeit entworfen, um Material zu sparen.

Zuckerfabrik, Enns, Architekt Albert Braumeir, 1935

Die Denkmalpfleger benötigten Eternitplatten zum Restaurieren von Verkleidungen. Wie schon beim Dachdeckungsmaterial kamen ihnen die verschiedenen Formen und Farben der Platten zugute. Eine glückliche Lösung sind die großformatigen grauen Platten im Bereich der Attika der Postsparkasse von Otto Wagner. Zwar dauerhaft, aber weniger gelungen ist der Ersatz der Mamortafeln an der Kirche in Steinhof von Otto Wagner.

Magazin der Zuckerfabrik, Enns

Am Beginn der zwanziger Jahre, als sich die moderne Architektur durchzusetzen begann, war dies auch mit der direkten und offenen Anwendung neuer Werk- und Baustoffe und neuer Baumethoden verbunden. 1923 erscheint Adolf Behnes kritische Auseinandersetzung mit der zeitgenössischen Architektur in "Der moderne Zweckbau". Er verkündet darin den aufkommenden Funktionalismus und verlangt für diese Bauform neue technische und maschinelle Möglichkeiten: "Man muß übergehen zu einem neuen Baumaterial: Stahl, Eisenbeton und insbesondere Duralumin, Glas und Eternit."

Passend zu dieser Entwicklung begannen die "Eternit"-Werke 1928 mit der Herstellung von Großtafeln. Ihre Oberfläche wurde veredelt, um sie für Innenverkleidungen, wo sie am meisten verwendet wurden, geeigneter zu machen. Man kam dem Wunsch nach einem billigen, leicht bearbeitbaren und beständigen Material nach. Zahlreiche Innenräume, Bürogänge, Schulen, Geschäfte und Gastwirtschaften wurden mit "Eternit"-Großtafeln verkleidet, überall dort, wo Dauerhaftigkeit und Verschleißfestigkeit gefordert waren.

In den dreißiger Jahren entwarf der Wiener Architekt Ernst Lichtblau eine Küche, deren Rückwand mit "Eternit" verkleidet war. Die Architekten des ersten Wiener Hochhauses in der Herrengasse Theiss & Jaksch errichteten 1932 an dessen Ladenfront eine Filiale der Wiener Molkerei. Das Geschäftslokal ordnete sich der einheitlichen Gesamtgestaltung des Hochhauses unter. Ein neuer einprägsamer Geschäftstypus wurde gefunden, indem weitere 25 Filialen in Wien nach diesem Vorbild errichtet wurden. War das Portal der ersten Filiale noch mit weißem Marmorglas ver-

Kirche am Steinhof, Wien, Architekt Otto Wagner 1904-1907

Ausstellungspavillon, Deutschland

Ausstellung der Fa. Eternit
Int. Wasserversorgungskongreß Wien
Architekt Hans Hollein, 1969

Schweizerische Landesausstellung, Halle Straßenbau und Verkehr, Zürich, Architekt L. Boedecker, 1939

Gedächtnisausstellung Ludwig Hatschek
Technisches Museum Wien, 1956

Frühjahrsmesse, Halle Modeschau, Wien
Hofstallungen, 1955

Münchner Verkehrsausstellung, 1953

Wiener Internationale Messe

36. Internationale Automobilausstellung

Pavillon der Kinematographie, Internationale
Ausstellung, Paris, 1937

Ägyptischer Pavillon, Internationale Ausstellung
Paris, 1937

Bootsstände, Ausstellung Stockholm, 1930

Musik-Stand, Ausstellung Stockholm, 1930

Das Einfamilienhaus

Denkt man an das Verhältnis von "Eternit" zum Einfamilienhaus, dann fallen einem sofort jene Dachlandschaften ein, die das Meer der nach dem Krieg entstandenen Häuslbauer-Häuser erzeugten. Und wenn wir in diesem Sinne heute von ""Eternit"-Landschaften" sprechen, dann sind eben zunächst nicht die technologisch modernen und architektonisch kreativen Anwendungen gemeint. "Eternit"-Landschaften sind die Vielzahl der Gebrauchsanwendungen des Materials. "Eternit"-Landschaften entstanden im Bereich der Alltagskultur, befördert von den Vertriebswegen der Dachdecker und den sparsamen Budgets der Häuslbauer.

Daran ist zunächst einmal nichts auszusetzen. "Eternit" war kostengünstig und dauerhaft, warum also sollte es nicht verwendet werden? Und zudem erzeugt eine massenhafte Anwendung - und genau diese geschah in den sechziger und siebziger Jahren - durch die schiere Masse allein eine neue, eine kulturhistorische Qualität. Das ist ein Sachverhalt, der "in der Zeit" und auch noch kurz darnach schwer nachvollziehbar ist, der aber aus einer historischen Distanz betrachtet als immer wiederkehrender Effekt festzustellen ist.

Tatsache ist jedenfalls, daß ungefähr ab Mitte der siebziger Jahre ""Eternit"" in diesem Produktfeld mit einer beginnenden Trendumkehr konfrontiert war. Die Gründe dafür sind unterschiedlich und im einzelnen zwar benennbar, aber insgesamt nur als kulturhistorischer Modewechsel zu beschreiben. Ein rationaler Grund war eine gewisse Form von Marktsättigung, die "Eternit" in diesem Bereich erlangte. Mehr "Eternit" auf den Dächern der österreichischen Häuslbauer war einfach nicht mehr möglich. Dazu kamen Entwicklungen anderer Baustoffe. Die Qualität des Dachziegels aus Ton verbesserte sich zunehmend. Dachsteine aus Beton wurden immer günstiger, da diese mit immer rationelleren Methoden erstmals großindustriell erzeugt werden konnten. Und nicht zuletzt traf "Eternit" im gänzlich anderen Bereich des Industriebaus auf die Konkurrenz von Komplettlösungen aus Stahl und Blechhaut.

Doch diese wirtschaftlichen Faktoren waren nicht allein der Grund für den Knick in der Prosperität von "Eternit". Schon in den späten sechziger Jahren kündigte sich der Widerstand gegen die Stadt- und Dorfzerstörung der Nachkriegszeit, den hemmungslosen Modernismus an. Und schnell waren auch die sogenannten Verantwortlichen dafür festgestellt. Architekten, Ingenieure und Politiker als handelnde Berufsgruppen, und Beton und damit auch "Eternit" als nicht ins gefährdete alte Bild passende Materialien. Die Kunststoffe, die emotionale Kritik an "Plastik" kam erst später in Zusammenhang mit den Berichten des "Club of Rome", und der Ölkrise Anfang der siebziger Jahre.

Aber insgesamt war die Idee des Fortschritts in der kollektiven Befindlichkeit generell gestoppt. Und Sündenböcke wurden gesucht. Auf einmal paßten "Eternit"-Dächer nicht mehr ins Landschafts- oder Ortsbild. Auf einmal durften Betonkonstruktionen nur mehr mit Holz oder Ziegelverkleidung als neue ortsübliche Erscheinung bewilligt werden. Die Zeit des Tarnens und Täuschens brach an, und ist bis heute nicht beendet. Seitdem wird ein ahistorisches und übernatürliches Geschichtsbild der guten alten Zeit unserer österreichischen Landschaften, Dörfer und auch Städte gepflegt. Mit der zumeist noch kunsthistorisch denkmalpflegerisch abgesicherten synthetischen Vergangenheit, die als Ideal in Disneyworld bereits hinreichend verwirklicht ist.

Angesichts dieses gesamtkulturellen Zustands, der eigentlich kein Hindernis für "Eternit" sein dürfte, weil die Produktpalette kontinuierlich allen denkmalpflegerischen Anforderungen angepaßt wurde, ist es dennoch notwendig, das Hoffnungspotential zu benennen, das diesem neuen Material ursprünglich von der modernen Architektur zugewiesen wurde.

"Wir haben die Architektur in das W o h n h a u s verlegt, das bis jetzt nur der Fürsorge anonymer Fachleute überlassen war. Früher lag dem Architekten daran, Architektur auszusprechen im Bau der Dome und Paläste. Wir haben Dom und Palast verlassen. Und als wir die Architektur in das Privathaus verlegt hatten, verstrickten wir uns in ungeheure Probleme: Schaffung des neuen angemessenen Hauses für die neue Gesellschaft. Kurz gesagt: es bedeutet, den Typ des heutigen Hauses zu schaffen, einen Typ, der Rauminhalt, Größe und Einrichtung der menschlichen Zelle feststellen sollte." Das schrieb Le Corbusier unter dem Titel "Wo beginnt Architektur?" in der deutschen Zeitschrift "Die Form", 1927.

Das Interesse der Architekten am Wohnhaus, wie es hier Le Corbusier am Ende der zwanziger Jahre zusammenfaßt, beginnt zur Jahrhundertwende, als der Baustoff "Eternit" erfunden und entwickelt wurde. Was lag also näher, als ihn auch bei dieser Bauaufgabe nützlich einzusetzen.

Die frühesten Beispiele der Verwendung von "Eternit" lagen beim Dach und der Wandverkleidung. Die Vielzahl der bis in die Gegenwart mit "Eternit" verkleideten oder bedeckten Eigenheime, von Architekten geplant oder nicht, zeigen seine kulturelle Bedeutung.

Josef Hoffmann plante 1906 für Carl Moll ein Haus auf der Hohen Warte. Dieses Einfamilienhaus zeigte in seiner endgültigen Fassung eine großflächige Verkleidung mit Eternitschindeln. Eduard Sekler wies in seiner Hoffmann-Monographie darauf hin, daß damit wohl an Schindelverkleidungen englischer Landhäuser erinnert werden sollte. Bei der Restaurierung im Jahr 1971 wurden sogar die schwarz-weißen Ornamente der Fensterumrahmungen aus "Eternit" gefertigt, die ursprünglich aus Holz waren und nun der Witterung besser standhalten konnten.

Haus für Carl Moll, Wien, Hohe Warte, Wollnerstraße
Architekt Josef Hoffmann, 1906

Die Schweizer Architektin Lux Guyer errichtete 1929 eine Reihe von Wohnhäusern, etwa das in Küsnacht genannte "Rebhaus", und verkleidete sie mit "Eternit"-Schindeln. Wie schon Josef Hoffmann war auch Lux Guyer dabei von englischen Landhäusern beeinflußt.

In Südfrankreich in Les Mathes entstand 1935 ein Eigenheim nach Plänen von Le Corbusier. Die Mittel für den Bau waren so knapp bemessen, daß der Architekt nicht in der Lage war, den Bau persönlich zu überwachen. Ein kleines lokales Unternehmen führte den Bau in drei Etappen durch: zuerst das Mauerwerk in ortsüblichem Bruchstein, dann eine vorfabrizierte Zimmermannskonstruktion, die in das Mauerwerk eingefügt wurde und schließlich die Schreinerarbeiten, Fenster, Türen und Zwischenwände, die alle unabhängig voneinander gebaut und mit verschiedenen Materialien wie Glas, Sperrholz oder "Eternit" gefüllt wurden. Das Haus steht mit dieser Baumethode für die Idee des Wunsches der modernen Architektur nach vorfabrizierten Häusern.

Küsnacht "Rebhaus", Architekt Lux Guyer, 1929-30

Die Industrialisierung des Bauens, Vorfertigung, Typenpläne, das waren die zentralen Ideen der modernen Architektur, um eine rationale Verbilligung der Produktion von Häusern zu erreichen. "Eternit" war hier auf Grund seiner Eigenschaften ein Material, das dabei immer erwähnt wurde. Der eigentliche Durchbruch der industriellen Fertigung von Einfamilienhäusern gelang allerdings durchgreifend damals nur in den Vereinigten Staaten.

Die amerikanische Wirtschaftsmission war es schließlich auch, die in Österreich nach dem Zweiten Weltkrieg die Aktion "Das österreichische Fertighaus" anregte. Das amerikanische Produktivitätszentrum beauftragte 1953 Carl Auböck und Roland Rainer eine Fertighaus-Mustersiedlung in der Veitingerstraße, in unmittelbarer Nähe der Werkbundsiedlung, zu errichten. Sie sollten den Markt für Fertigteil-Holzhäuser

Sommerhaus, Les Mathes, Südfrankreich
Architekt Le Corbusier, 1935

entwickeln und neue Möglichkeiten zur Lösung der Wohnungsfrage in Österreich finden. Eine bis heute ebenso unbedankte wie nach wie vor aktuelle Initiative, die Wertschöpfung der heimischen Holzproduktion zu verbessern.

Für das Pilotprojekt "Veitingergasse" wurden rein ebenerdige Wohnhäuser in einer Größe von 66-112 m2 vorgeschlagen. Für die Außenwände sah man eine Tafelbauweise vor. Die vier Firmen, die mit der Lieferung der Wand- und Deckenelemente beauftragt wurden, führten insgesamt fünf verschiedene Wandbauarten aus. Drei der Häuser sind außen und bei den Naßzellen innen mit Eternittafeln verkleidet. Diesem Wunsch nach preisgünstigen, rasch montierten, vorfabrizierten Einfamilienhäusern kam auch die Firma Morawetz in Vöcklabruck nach, die schon in den dreissiger Jahren die Fertigteilgarage aus Welleternit entwickelt hatte. Die 1959 von Morawetz errichteten Häuser unterschieden sich zur Mustersiedlung in der Veitingergasse durch ein eigens entwickeltes Stahlrahmensytem (genannt EHO), in dem die Eternitplatte eingespannt war. Es sollte dadurch das Aufsteigen von Bodenfeuchtigkeit verhindert werden. Fünf Jahre später entwickelte die Firma Hartl ein Holzrahmensystem, mit ähnlichen Ansprüchen. Dieses verwendete Roland Rainer 1966 in der Siedlung Mauerberggasse in Wien.

Der Dialog Europa-Amerika forcierte in der Nachkriegszeit den Bau einfacher, vorfabrizierter Einfamilienhäuser mit neuen einfachen Formen und leichten Materialien. Der eigentliche Vorfahre, der Ursprung dieser Idee, fußte aber weder in Europa noch Amerika, sondern in Japan. Josef Frank, der österreichische Architekt und Organisator der Wiener Werkbundsiedlung hat die ideologischen Fronten der Debatte der Moderne aufgebrochen, als er 1930, bei der Werkbund-Tagung in Wien seinen grundsätzlichen Vortrag "Was ist modern?" hielt, und das traditionelle japanische Haus als universelles Vorbild bezeichnete: "Die Grundlagen unserer modernen Architektur, die Prinzipien, nach denen das neue Haus gebaut ist, sind also weder Stahl, noch Eisen, noch Eisenbeton, sondern sein Vorbild ist das japanische Haus, das aus Holz gebaut ist, mit seinen verschiebbaren Wänden, vergänglich und leicht, beweglich und transparent." Das Haus des Architekten Kenzo Tange in Tokio entstand erst 1957, steht aber hier für ein hochwertiges Architekturbeispiel unter Verwendung von "Eternit". Der Holzständerbau aus besonders widerstandsfähigem Hinokeholz ist teilweise mit Glas, Papier oder Holzgittern geschlossen. Die festen Außenwandelemente sind beidseitig mit ebenen "Eternit"-Tafeln verkleidet, die in ihrer grauen Naturfarbe belassen wurden.

Mustersiedlung, Wien, Veitingergasse
Architekten Roland Rainer, Carl Auböck, 1953

vorfabriziertes Einfamilienhaus, Vöcklabruck
Fa. Morawetz, 1959

Siedlung Mauerberggasse, Wien
Architekt Roland Rainer, 1966

Haus eines Architekten bei Tokio
Architekt Kenzo Tange, 1957

Im selben Jahr errichteten Carl Auböck und Ferdinand Kitt ein Haus in Burgenland. Der längsgestreckte Bau besteht aus zwei fast gleichen Baukörpern. Die schmalen Stirnseiten sind aus weiß geschlemmtem Mauerwerk, alle weiteren Außenwände aus vorgefertigten Wandelementen mit einer Außenhaut aus polierten, weißen "Eternit"-Tafeln. Wie bei Le Corbusier wurde auch hier eine Mischbauweise angewendet.

Haus im Burgenland
Architekt Carl Auböck und Ferdinand Kitt

Ab dem Ende der sechziger Jahre entstanden in Österreich eine Vielzahl von Einfamilienhäusern, wo mit einem Dogma der modernen Architektur, dem Flachdach gebrochen wurde. Häuser engagierter Architekten hatten damals zwar noch keine klaren Sattel- oder Walmdächer, aber Pultdächer waren durchaus salonfähig. Insgesamt sollte das Dach nicht unabhängig vom Körper des Hauses gesehen werden, sondern zu seiner skulpturalen Wirkung beitragen. Und dieser klare und scharfkantige "Baukörper" konnte nur mit dünnen und harten Materialien, Blech oder "Eternit" wirklich erreicht werden. Ein deutliches Zeit-Zeichen dieser Haltung ist die intelligente Renovierung und Erweiterung der Kirche in Parsch in Salzburg von den Clemens Holzmeister-Schülern Wilhelm Holzbauer, Friedrich Kurrent und Johannes Spalt, die bereits Anfang der fünfziger Jahre realisiert wurde.

Kritzendorf, Architekt Ferdinand Kitt, 1961

Zu dieser Epoche auch zwei Beispiele, die sich sich wiederholt im Archiv von "Eternit" finden, und damit als Vorbilder der Zeit bezeichnet werden können: Ferdinand Kitt errichtet 1971 in Kritzendorf bei Wien ein Haus mit einem besonders steilen Dach. An den Giebelseiten stößt es auf zwei Betonwände, getragen wird es von vier Stahlstützen. Im Erdgeschoß wohnt, im Dachgeschoß schläft man. Karl und Eva Mang entwarfen 1968 ein Wohnatelier. Der Betonbau dominiert durch seine Form und das Dach. Zwei Baukörper, deren Dach je zu einer Seite schräg abfällt, stehen versetzt zueinander. Der Innenraum öffnet sich bis zum Dachgiebel, läßt die Raumversetzung erkennen und erreicht durch Galeriengänge eigene Perspektiven. Sowohl in diesem Haus, wie auch bei dem Wohnbau von Ferdinand Kitt dominiert das Dach deshalb, weil die Architekten auf ihre unmittelbarer Nähe (Kirchen, Bauernhäuser) Bezug nehmen.

Oberwang, Architekt Karl und Eva Mang, 1966-67

In den siebziger Jahren begann, zunächst gut gemeint von Architekten, die aus heutiger Sicht schrecklichste Zeit von "Eternit". Das "Dach", und das war keinesfalls nur mehr ein normales Dach, verselbständigte sich immer mehr, wurde zum erdrückenden Hut, der rundherum und voll verkleidet mit "Eternit" das eigentliche Haus zum Verschwinden brachte. Die Architektengemeinschaft C4(Max Fohn, Helmut

Pfanner, Karl Sillaber, Friedrich Wengler) entwarfen 1972 in Lustenau (Vlbg.) das Haus Grabher. Es scheint hier als sei das Haus nur ein bescheidener Sockel für die Architektur des Daches; aus ihm wurden Balkone und Fenster geschnitten. Eine Villa aus Dornbirn von Fred Achammer aus dem selben Jahr zeigt, daß die Überlappung des Daches in die Fassade, auch bei Dächern ohne Wohnfunktion möglich war. Die Dachdeckung dehnte sich über das Gesimsteil aus und wurde somit zum stilistischen Merkmal dieser Jahre.

Haus Grabher, Vorarlberg, Lustenau, Architekt C4, 1972

Es ist schon eine merkwürdige Geschichte, daß zu der Zeit, als "Eternit" auch seine größte Verbreitung hatte, die engagierte Architektur der Einfamilienhäuser mit einer exzessiven Verwendung des Materials darauf antwortete. In der Architektur und Ästhetik zeigte sich also schneller als in den marktwirtschaftlichen Kenndaten, daß der Bogen bereits überspannt war.

Und es war dann die postmoderne Diskussion der siebziger und achtziger Jahre, welche "Eternit" von seinem Erfolgsdruck der Moderne befreite. Die Postmoderne war nämlich nicht nur, wie viele Kommentatoren heute meinen, eine Rückkehr zu historischen Formen, eine Wiederentdeckung der Geschichte, und damit gegen einen unendlich und ewig gleichen Fortschritt der Moderne gerichtet. Verbunden mit diesen Stil- und Paradigmenwechsel in der Geistesgeschichte und Architektur war auch die Entdeckung und Würdigung des "Normalen", des "Alltäglichen".

Villa, Dornbirn, Architekt Fred Achammer

Einer der wichtigsten Theoretiker dieser "neuen Normalität" war der Amerikaner Robert Venturi, der schon sehr früh beim "Lieb-House" Ende der sechziger Jahre "Eternit" als Fassadenverkleidung mit nun neuer, postmoderner Bedeutung einsetzte. Ebenso verfuhr Frank Gehry später bei seinem eigenen Wohnhaus in Santa Monica Anfang der achtziger Jahre, einer Ikone der später "Dekonstruktivismus" genannten Architektur, der im Sinne der Verfremdung der alltäglichen Architektur der Umgebung, wieder "Eternit"-Schindeln verwendete.

Die beiden Beispiele zeigen, daß in diesem Sinne "Eternit" heute ein "kunsthistorisches Material" ist, das von Architekten jetzt am Ende des 20. Jahrhunderts auf Grund seiner technischen, haptischen und auch kulturgeschichtlichen Qualitäten und Bedeutungen eingesetzt wird.

Sommerhaus, Les Mathes, Südfrankreich
Architekt Le Corbusier, 1935

Haus eines Architekten bei Tokio
Architekt Kenzo Tange, 1957

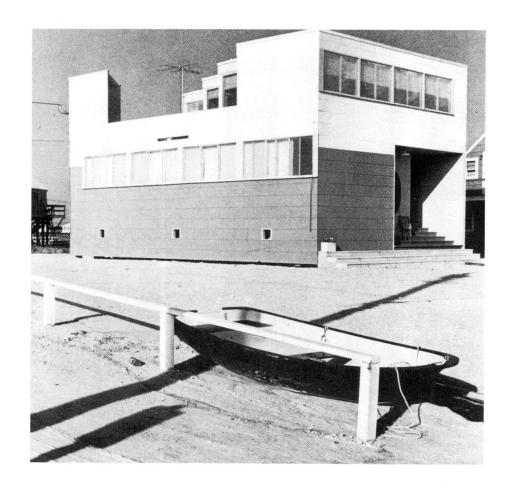

Sommerhaus, Long Beach bei New York
Architekten Robert Venturi, John Rauch

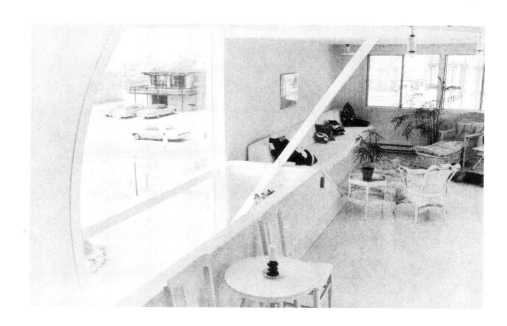

Einfamilienwohnhaus, Frankfurt
Architekten Giefer, Möckler

Haus in Japan, Architekt Ikebe Laboratory

Das universelle Material

Ein wesentlicher Aspekt der Intentionen und der Geschichte der modernen Architektur war die Suche nach neuen, leichten, billigen, modernen Materialien. Ebenso gehörte die Frage nach der "Leistung" eines Baustoffs oder Materials dazu.

Typisch dafür ist das Statement in der Schweizer Avantgarde-Architekturzeitung ABC, das 1925 moderne Baumethoden gegenüber traditionellen Ziegelwänden forcierte: "Wir verlangen den verschiedenen Anforderungen entsprechend dazu, die Wand nach innen und aussen verschieden auszubilden: Äussere Schutzhaut, dicht, fest, glatt, möglichst fugenlos, nach dem System der Rudwand zwischen die Stockwerksdecken gespannt. Ausführungsmaterialien Torcretbeton, Eternittafeln."

Die "Eternit"-Großtafeln gehörten zu diesen neuen Materialien, die von einer leistungsbetonten Skelettbauweise verlangt wurden. Sie wurden zur Fassadenverkleidung oder als Balkonbrüstungen verwendet. Wie schon beim Welleternit, wurden erste Anwendungsversuche der Großtafeln als Balkonbrüstungen gemacht. "Soll der Balkon seinen Zweck erfüllen, so ist es unumgänglich notwendig, daß seine Brüstung massiv, d.h. nicht durchsichtig ist." formulierte die "Eternit-Post" bereits im August 1936. Aus diesem Verlangen heraus entwickelte Ivan Kotsis, ein ungarischer Architekt, eine spezielle schmiedeeiserne Befestigung für Eternitgroßtafeln. Die Blumenkisten sind wie die Brüstung aus "Eternit".

In den fünfziger Jahren sind die Häuser des kommunalen Wohnbaus durch einfache Lochfassaden, verputzte Ziegelwände und zurückgesetzte, nunmehr flach gedeckte Dachgeschoße gekennzeichnet. Man hatte wenig Geld, aber genügend billige Arbeitskräfte. Einige der im Volksmund bezeichneten "Emmentaler"-Fassaden erhielten lediglich durch Balkone eine Belebung. Gustav Hoppe zählte vier Gründe auf, warum er Welleternit als Balkonbrüstung eines Gemeindebaus im 12. Bezirk gewählt hatte: "1. preisgünstig 2. aus konstruktiven Gründen leicht und einfach montierbar 3. dicht oder weniger durchscheinend, 4. stabil, sich nicht verwindend".

Zahlreiche der damals leicht abgeschrägten Dächer wurden mit Welleternit eingedeckt, etwa die Wohnhausanlage der Gemeinde Wien in der Daringergasse. Hier wurde bei den Balkonbrüstungen Welleternit geschnitten und versetzt angebracht. Erst am Ende der fünfziger Jahre gab es in Wien die ersten Versuche im kommunalen Wohnbau, konsequent moderne Baumethoden anzuwenden. Carl Auböck errichtete zusammen mit Carl Rössler und Adolf Hoch 1959-62 die Wohnhausanlage in der

Architekt Ivan Kotsis

Gemeindebau, XII Wien, Migazziplatz
Architekten Gustav Hoppe, Viktor Fenzl, 1955

Wohnhausanlage der Gemeinde Wien, Wien XIX
Daringergasse

Vorgartenstraße. Jede Wohnung sollte die gleiche Bedingung der Lage und Besonnung haben. Modern waren sie nicht nur durch die Grundrißstruktur: das Schlafzimmer mit Bad wird vom Wohnzimmer über einen zusätzlichen Flur erreicht. Carl Auböck verlangte auch eine Zentralheizung, die für Gemeindebauten bisher unüblich war, wodurch er auf Mittelwände und Kamingruppen verzichten konnte. Die auf die ganze Wohnungsbreite ausgedehnten Loggien mit Baueternit-Tafeln als Brüstung wurden zum bestimmenden optischen Element dieser beispielhaften Anlage.

Wohnhausanlage, Wien, Vorgartenstraße
Architekten Carl Auböck, Carl Rössler, Adolf Hoch
1959-62

Fred und Verena Achammer entwarfen 1958 ein Studentenhaus in Innsbruck. Auf dem in Mischbauweise, mit Vollziegelwänden und Stahlbetonplatten errichteten Haus kamen unter den Fenstern und an Stelle von Balkonbrüstungen "Eternit"-Tafeln. Fünf Jahre später war die Winterolympiade in Innsbruck, man brauchte viele Wohnungen (das Studentenhaus von Achammer wurde zum Pressehotel) und die Bauindustrie florierte. Der Baustoff "Eternit" profitierte davon. Eine Informationswerbung zeigt, wie viele und vielfältige Bauelemente "Eternit" damals bei den olympischen Bauten einsetzte: Fensterbänke, Balkonbrüstungen, Müllabwurfanlagen mit "Eternit"-Rohren, Rohre für die Schalung und Welleternit zum Eindecken von Seilbahnen und Kindergärten. So unwesentlich diese Elemente für die Gesamterscheinung des Bauwerks klingen, sie verhelfen ihm doch zu einer geschlossenen Form und werden bewußt von den Architekten eingesetzt.

Studentenhaus, Innsbruck, Architekten Fred und
Verena Achammer

Le Corbusier errichtete 1957 in Berlin im Rahmen der Internationalen Bauausstellug eine seiner "Unité d'habitation". Der Typ dieses Wohnblocks für 2000 Personen wurde bereits viele Jahre zuvor von ihm in Frankreich (Nantes, Marseilles, Metz, Nimes etc.), entwickelt. In den modernen Wohnblocks für den Mittelstand wurde auf gesellschaftlich-soziale Aspekte mit verschiedenen Wohntypen entsprechend der Zweckbestimmung genauso Rücksicht genommen wie auf Erholungsmöglichkeiten der Mieter, Sonne, Grünflächen und Intimität im Wohnbereich. Die Decken der Gänge wurden mit Welleternit verkleidet, dazwischen dienen Kunststoffröhren, die mit durchsichtigen, wellenförmigen Kunstharzstreifen abgedeckt waren, der Belichtung. Alle Mehrzimmerwohnungen erstreckten sich über zwei Geschoße. Da die verbindende Innentreppe leicht und stabil sein sollte, wurde dafür eine Stahl-"Eternit"-Konstruktion gewählt.

Kindergarten, Olympisches Dorf, Innsbruck, 1963

Um 1960 entwickelte der "Eternit"-Lizenzträger in Belgien die sogenannten Glasal-Platten. Das war eine mit Dampf gehärtete Verbundplatte mit Asbestzement, die im Gefüge wesentlich dichter als die einfache "Eternit"-Platte war. Sie hatte eine glatte, glänzende Oberfläche und wurde deshalb in Verbindung mit Glas als Verkleidungselement verwendet. Da Glasal-Platten in Österreich nie erzeugt, sondern nur importiert wurden, spielen sie auch nicht eine so große Rolle in der Architekturentwicklung, wie in den Beneluxländern. Der "Curtain-Wall", eine vorgehängte Metall-Glas-Fassade war Ende der fünfziger Jahre ein Symbol des technologischen Fortschritts. Das Fiat-Service- und Verwaltungsgebäude in Wien wurde 1960-62 von Georg Lippert und Franz Schlacher nach diesem System entworfen. Für das Gartenbauhochhaus und den Volksoperumbau wurden ebenfalls Glasal-Platten verwendet.

Ein Symbolprojekt der siebziger Jahre war der 1972 begonnene und 1981 fertiggestellte Großwohnbau, der Karl-Wrba-Hof in Wien, von einer Architektengruppe unter Leitung von Rupert Falkner geplant. Der Gemeindebau mit 1051 Wohnungen ist eine Fortführung des klassischen sozialen Wohnungsbaus, mit der Idee durch hohe Dichte eine spezifische neue urbane Atmosphäre zu erzeugen. Die Größe der Baumasse wurde durch verschieden hohe Baukörper und Höfe durchbrochen, bildet aber in ihrer Schachtelung eine zusammenhängende Wohnanlage. Der Betonfertigteilbau wurde zur Gänze mit kleinformatigen (60x30 cm) ockerfarbenen "Eternit"-Platten verkleidet.

Ausgehend vom Pilotprojekt des Karl-Wrba-Hofes in Wien wurde in der Folge "Eternit" häufig für die energetische Verbesserung der Fassaden von Großwohnanlagen der fünfziger und sechziger Jahre verwendet. In all diesen Fällen zeigte sich, daß eine neue "Eternit"-Verkleidung kreativer und subtiler und architektonisch verträglicher eingesetzt werden konnte, als die in den achtziger Jahren ansonsten zu diesem Zweck vielfach verwendete Methode der Blechverkleidung.

Bauausstellung, Berlin, Architekt Le Corbusier, 1957

Karl-Wrba-Hof, Architekt Rupert Falkner, 1981

"Eternit"-Strandstühle im Strandbad St. Jakob, Basel

"Kinderland", SAFFA-Gelände
Architekt Alfred Trachsel, 1958

Hundenapf

Wasserreservoir der Gemeinde Köniz
Architekt Friedrich Ryser, 1958

Gottesdienstraum, SAFFA-Gelände
Architekt Annemarie Hubacher-Constam, 1958

Eternit heute

Was war und ist "Eternit": Eine Mischung aus Zement, Wasser und einer Faser. Daraus entstanden nach einer bestimmten Verfahrenstechnik weiche Pappen oder Matten, die geschnitten, gepreßt, und durch die Abbindefähigkeit des Zements in einigen Stunden hart wurden, also harte Platten ergaben, die aber auch im erhärteten Zustand geschnitten werden konnten.

Aus verschiedenen gesellschaftlichen, politischen und wirtschaftlichen Gründen entstand in den letzten Jahren eine öffentliche Kampagne gegen die Naturfaser Asbest, wobei aber immer nur der von den "Eternit"-Werken nie verwendete Spritzasbest das hauptsächliche Angriffsziel war. Man kann also ruhigen Gewissens feststellen, daß der ungefährlich im Zement gebundene Asbest in "Eternit"-Produkten die Sünden büßen mußte, die möglicherweise von anderen Asbest-Anwendern erbracht wurden. In Reaktion darauf wurde für das Produkt "Eternit", das ja prinzipiell immer nur eine Verbindung von Wasser, Zement und einer Faser war, nach einer neuen Faser geforscht.

Unbestritten ist, daß sich Asbest dank seiner einmaligen Eigenschaften für "Eternit" seit nunmehr neunzig Jahren bewährt und behauptet hat. Dennoch wurde, da Asbest teuer war, schon immer nach billigeren Fasern geforscht. Schon im Ersten Weltkrieg wurde Asbest von der deutschen Kriegsmarine beschlagnahmt und man verwendete für die "Eternit"-Produktion als bestmöglichen Ersatz für Asbest Zellulosefasern. Unmittelbar nach dem 1. Weltkrieg ging man wieder auf Asbest zurück, die Suche nach alternativen Fasern wurde aber fortgesetzt. Im Zweiten Weltkrieg wurde Asbest wieder von der deutschen Wehrwirtschaft beschlagnahmt, Ersatz war wiederum Zellulose. Die Platten hatten damals den Namen "Durnat". Nach dem Krieg ging man wieder sukzessive zur Verwendung von Asbest zurück. Ein Zwischenprodukt war eine Gemischtfaserplatte namens "GEFA". Ab den frühen fünfziger Jahren wurde dann nur mehr reines Asbestzementmaterial erzeugt.

Mit Einsetzen der Antiasbestkampagne begann neuerlich die Suche nach neuen Fasern. Aufgrund der unbefriedigenden Erfahrungen mit den Ersatzfasern während der beiden Weltkriege war klar, daß eine dauerhafte Lösung nur durch eine vollkommen neue Technologie erzielt werden konnte. Basis dieser "Neuen Technologie" (NT) ist ein speziell behandelter Zellstoff und Fibride (Dolanit, Kuraray). Heute ist die neue Fasermischung dem Asbest in seinen Eigenschaften ebenbürtig und gesundheitliche Gefährdungen sind nun in keiner Phase des Lebenszyklus des Produkts mehr gegeben.

Wenn man also heute von "Eternit" spricht, dann handelt es sich um ein unbedenkliches Produkt aus "Faserzement". Verloren gegangen ist dabei ein wenig der Mythos des natürlichen, billigen und unverwüstlichen Asbestzement-Produkts. "Eternit" ist heute eine "Platte" wie viele andere auch und befindet sich damit in unmittelbarer Konkurrenz mit veredelten Oberflächen- und Verkleidungsystemen aus Blech, Kunststoff und Holz. Die Entscheidung für eine "Platte" der Verkleidung, für die Haut eines Bauwerks, erfolgt noch immer nach den Kriterien des Preises durch den Bauherrn, aber auch ebenso durch den Wunsch von Architekten, eine bestimmte Oberfläche und Struktur zu erhalten. Im Konkurrenzkampf mit den vielen anderen erhältlichen "Platten" fällt heute die Entscheidung für "Eternit" vor allem aus kulturellen Gründen. Und da ist "Eternit" ein Baustoff, der noch immer überzeugen kann.

Fast hundert Jahre nach ihrer Erfindung ist die Faserzementplatte, ist "Eternit" ein unerläßlicher technischer und kultureller Baustoff und Bestandteil der zeitgenössischen Architektur. Die haptische Struktur der Platte, die spezifische Oberfläche, die Formbarkeit, die universellen Verwendungs- und Einsatzmöglichkeiten bleiben ein Angebot und eine kreative Möglichkeit für jede denkbare zukünftige Architektur.

So bleibt der Namen Botschaft: "Eternit", ewig.

AHS, Leibnitz, Stmk, Architekt Team A

Veranstaltungszentrum, Gunskirchen, OÖ
Architekt Karl

Wohnhausanlage, Neilreichgasse, Wien X
Architekt Falkner

Halle, Hohenems, Vlbg, Architekt Wäger

Reithalle, Graz, Stmk, Architekt Kapfhammer

Flexibles Wohnen, Haselgraben, Linz, OÖ
Architekt Werkgruppe Linz

Siedlung Göstingerstr., Graz, Stmk
Architekt Tschom

Achsiedlung, Bregenz, Architekt Wratzfeld

Sanierung Wohnhausanlage, Bregenz, Rheinstraße 7
Architekt Wratzfeld

Sanierung "Litta", Götzis, Vlbg, Architekt Natter

Haus Sperl, Zerlach, Stmk, Architekt Giselbrecht

Wohnhausanlage Oberkurzheim bei Pöls, Stmk
Architekt Markus Pernthaler jun.

Einfamilienhaus Sandquelle, Dornbirn, Vlbg
Architekt Ritsch

Einfamilienhaus, Pfänderstraße, Am Vogel 8, Vlbg
Architekt Ritsch

Einfamilienhaus Anbau, Hard, Vlbg, Architekt Juen

Atelierhaus, Architekt Wäger

Einfamilienhaus, Göfis, Architekt Wäger

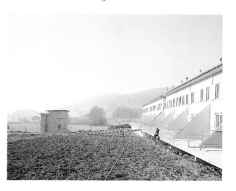

Einfamilienhaus, Mäder, Vlbg, Architekt Eberle

Wohnhausanlage, Hard, Vlbg
Architekten Lenz, Kaufmann

Zweifamilienhaus, Göfis

Einfamilienhaus Tschachler, Keutschach, Ktn
Architektin Sonja Gasparin

Haus Beck, Langen, Vlbg, Architekt Kuess

Einfamilienhaus Vavra, Krumpendorf, Ktn
Architekt Mayr

Korrektur auf Seite 99:

Das Doppelwohnhaus
Obertrum-Buchberg ist von
Architekt Fritz Lorenz, Salzburg.

Areal Heuss, Götzis, Vlbg, Architekt Nicolussi

Doppelwochendhaus, Obertrum-Buchberg, Szbg
Architekten Kaschl, Mühlfellner

Kuhnert-Hochhäuser, Rankweil, Vlbg, Architekt Ritsch

Loha, Dornbirn, Vlbg, Architekt Ritsch

Kläranlage Kirchbichl,

Haus Raid, Schwarzach, Vlbg, Architekt Lenz

Einfamilienhaus, Schwarzach-Linzenberg, Vlbg,
Architekt Purin

Einfamilienhaus, Lustenau, Vlbg, Architekt Ritsch

Siedlung Graz-St.Veit, Stmk, Architekt Spielhofer

Einfamilienhaus, Mäder, Vlbg, Architekt Eberle

Einfamilienhaus, Aldrans, Tirol, Architekt Lackner

Einfamilienhaus, Nüziders, Vlbg, Architekt Spagolla

Kirche St. Konrad, Abersee, Vlbg, Architekt G. Kulterer

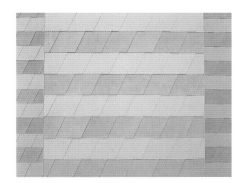
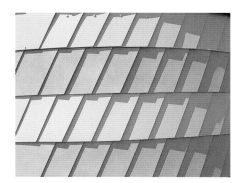

Einfamilienhaus, Innsbruck, Tirol, Architekt P. Lorenz

Wohnhausanlage, Hard, Vlbg, Architekt Lenz/Kaufmann

Wohnhausanlage Oberkurzheim bei Pöls, Stmk,
Architekt Perthaler Jun.

Halle, Hohenems, Vlbg, Architekt Wäger

Achsiedlung, Bregenz, Vlbg, Architekt Wratzfeld

AHS Leibnitz, Stmk, Architekt Team A

Einfamilienhaus-Anbau, Hard, Vlbg, Architekt Juen

Wohnhausanlage Wien 10., Neilreichgasse
Architekt Falkner

Einfamilienhaus Göfis, Vlbg, Architekt Wäger

Gemeindeamt+Feuerwehr,Bizau, Vlbg,
Architekt Lenz/Kaufmann

Atrium-Wohnanlage, Hallein, Slbg, Architekt Matzinger

Einfamilienhaus, Baden bei Wien, NÖ, Architekt Bukovac

Schuhfabrik Koflach
Arch. Suter & Suter

Direktionsraum Gmundner Zementwerke AG
Architekt Hosp

Markus Brüderlin

Das Gewicht des Unauffälligen

Eternit in der Gegenwartskunst

Markus Brüderlin

DAS GEWICHT DES UNAUFFÄLLIGEN

Der Einsatz von Eternit in der Gegenwartskunst

Wer kennt sie nicht — die sanduhrförmige Dekorvase aus Eternit — jenen form-
schön zum Hyperboloid eingeschnürten Hohlzylinder, in dem das faserversteifte
Zementmaterial seine ideale Form gefunden hat — gleichwie das Salz im Würfelkri-
stall. Doch der Doppelkegel mit der Produktbezeichnung BB1 und BB13 ist viel
mehr als bloß formgewordene Materie. Er inkarniert das optimale Gleichgewicht
zwischen dem äußeren Formzwang und der inneren Selbstverwirklichung des
Materials, und zudem scheint alles organisch aus dem Verwendungszweck hervor-
gewachsen zu sein. Fast möchte man ornamentfeindlichen Funktionalisten empfeh-
len, dieses Objekt neben Marcel Breuers berühmten Stahlrohrsessel, in dem Mate-
rialtechnologie, industrielle Massenfertigung und das Sitzen an sich ihre optimale
Synthese gefunden haben, ins Pantheon des modernen Designs zu stellen. Adolf
Loos' Denken in geformtem Material und Sullivans Vorstellung, daß die Form aus
der Substanz des Materials mit derselben Notwendigkeit hervorgehe wie die Blüte
aus dem Stengel, fänden in diesem "Ornament ohne Ornament" ihr ideales
Demonstrationsobjekt.

HELMUT MARK, o.T., (Eternit, 90 x 55 x 55 cm)
1988

BB1 und BB13 - Eternit als solches

In einer Hinsicht ist dieses Kuriosum dem noblen Breuer-Sessel außerdem überle-
gen: der dekorative Blumenbehälter, den wir zuweilen auch als Aschenbecher oder
Element der Stadtmöblierung hassen und lieben gelernt haben, beinhaltet irgendwie die ganze Absurdität des Funktionalismus, der ohne Dekoration und formenden
Mehrwert auskommen wollte. Denn der Eternitdoppelkegel mit den Oberweiten
55 oder 45 ist auch ein Symbol der fünfziger Jahre, in denen man sich schon wieder an neuartigen Designextasen erfreuen durfte. Es war die Zeit, als die entgleiste,
harte Moderne sich durch gepolsterte Formen wieder mit dem ornamentbedürfti-
gen Volksgeschmack zu versöhnen versuchte. Heute klebt an der spröden Oberfläche viel Nostalgie, ja manchmal verrät die elegant taillierte Walze Ambitionen
zum Kultobjekt. Doch zum Designfetisch ist das gräuliche Dekorstück nie geworden

— konnte es wahrscheinlich im Schlagschatten des Nierentisches niemals werden. Dafür ist es nun zum Kunstwerk avanciert. Und zwar durch den Wiener Künstler Helmut Mark, der anläßlich einer Ausstellung zum Thema Beton eine leere Eternit-vase vom Gartencenter in den Galerieraum bugsierte. Marcel Duchamp hat dieses künstlerische Verfahren des Ready-mades 1914 in die Kunstwelt eingeführt, als er einen ordinären Flaschentrockener vom Warenhaus ins Museum beförderte und mit diesem Akt demonstrierte, daß die Bedeutung eines Kunstwerks nicht in seiner Form steckt, gleichsam wie der Keks in der Schachtel, sondern erst durch den Ver-wendungszusammenhang entsteht. Der Franzose revolutionierte mit dieser Kon-textverschiebung nicht nur den Kunstbegriff, sondern er ließ die banalen Alltagsge-genstände selbst und deren Gebrauchswirklichkeit in einem anderen Licht erschei-nen. Im Museum beginnen wir über die rätselhafte Magie, die den Dingen inne-wohnt, nachzusinnen oder den Sentimentalitäten, welche wir ihnen durch die Benutzung angedichtet haben, oder das Galerielicht kann uns veranlassen, über Werthierarchien in der Kultur und über den Kultwert einer Sache nachzudenken. Mark benutzt genau diesen konzeptuellen Mechanismus, und er markiert damit die kürzeste Distanz zwischen dem Baustoff, der vor rund hundert Jahren in Österreich erfunden wurde und der hier zur Debatte steht und der Kunst, die mit diesem Material heute arbeitet, so daß eine Betrachtung über das Verhältnis von Kunst und Eternit eigentlich an dieser Stelle enden könnte.

Doch die lockeren Bemerkungen zu diesem Kuriosum industriellen Designs wollen eine Aufforderung sein zu einem Rundgang durch ein Stück österreichischer Gegenwartskunst, auf dem wir dieser auf den ersten Blick zufälligen Kombination erstaunlich oft begegnen werden.

Ready-made statt Self-made

Dabei müssen wir immer im Auge behalten, daß das harte Faserzementmaterial sich wegen seiner hauptsächlichen Produktionsform in Röhren-Platten- oder Welle-ternit nicht eben gerade als künstlerisches Rohmaterial anbietet. Im Gegensatz zum Gips, der "Hure des Bildhauers", wie dieser in alle möglichen und unmöglichen For-men zwingbare Stoff bildlich genannt wird, prägt der Faserzement dem künstleri-schen Resultat deutlich eine technische Form auf.

Material ist hier eben nicht das Amorphe, als Gegenbegriff zum griechischen Wort morphé (Form), es sei denn, der Künstler hat die Gelegenheit, das im nassen Zustand biegsame Schichtmaterial selbst zu formen. Anläßlich eines Symposiums zur "Integration von Bildender Kunst und Architektur" wurde den Teilnehmern von der Firma Eternit die Fertigungstechnik zur Verfügung gestellt. So nutzten etwa Fria Elfen und Wil Frenken oder Hans Mur und der Keramiker Klaus Kogelnig die Gelegenheit, um direkt an der Negativform im nassen Zustand eigene, künstlerisch-skulpturale Erzeugnisse zu gestalten. Die Ergebnisse waren nicht gerade ermutigend, so daß wir den eigentlich interessanten Stoffwechsel zwischen Kunst und Baustoffindustrie im Reagieren auf die vorgegebenen Fertigprodukte (Platten, Welleternit, Rohre usw.) und im Thematisieren der kulturellen Bedeutung dieses billigen Baumaterials, dessen Name mit dem Versprechen von Ewigkeit wirbt, suchen müssen. Der Ready-made-Charakter fordert vom Künstler weniger den schöpferisch-formenden als den konzeptionellen Instinkt, sofern er nicht dem bloßen Materialfetischismus verfallen ist. Haptische Eigenschaften wie emotionale Assoziationswerte bis hin zur Kulturgeschichte des Faserzements liefern von sich aus ein komplexes Bedeutungsgefüge, das durch einfache Manipulationen, durch verfremdenden Einsatz oder — wie wir es bei Helmut Mark schon kennengelernt haben — durch Kontextverschiebung formbar ist und eine Fülle von künstlerischen Verdichtungen zwischen Alltag und autonomer Materialkunst bietet.

Faserzement als Medium, Konstruktions- und Ersatzmaterial

Wir können schon vorweg die drei Aspekte der künstlerischen Verwertung von Eternit, denen wir auf unserem Rundgang immer wieder begegnen werden, nennen: Einmal greifen Künstler ganz pragmatisch auf diesen relativ leichten Baustoff zurück, wenn es etwa darum geht, architektonische oder architekturähnliche Probleme in ihren Konstruktionen zu bewältigen oder aber auch zum Thema zu machen. Faserzement ist hier dann vor allem als großflächiges Element der Raumgliederung oder als Verkleidungsmaterial gefragt. Nicht selten sind Künstler an diesem Baustoff als Ersatz für andere, schwerer handhabbare Materialien interessiert. Sabine Bitter beispielsweise erkannte in Eternit den ganz logischen Stellvertreter für den relativ unhandlichen Beton. Übrigens spielt Eternit auch kulturhistorisch immer wieder die Rolle des Ersatzstoffs, ja diese Funktion könnte als die eigentliche Berufung in die Geschichte dieses Baumaterials eingehen. So dachte der Erfinder Ludwig Hatschek zunächst an einen Ersatz für das deutsche Schiefer- und Holzschindeldach, als er 1900 diese Verbindung von Portlandzement und Asbestfaser in Wasser anrührte. Die Denkmalpflege griff dankbar auf dieses Material zurück, als die Firma bald auch eine variantenreiche Farbpalette anzubieten hatte. Übrigens wurden die Marmorplatten am Gesimse von Otto Wagners Postsparkassenfassade gegen Eternit ausgetauscht. Der prominenteste Stoffwechsel fand 1936 an der Ehrenhalle auf der Reichsnährstands-Ausstellung in Frankfurt statt: veredelter Asbestzement hatte dort den schweren Sandstein zu doubeln — eine sinnfällige Metapher auf die kurze Ewigkeit des "tausendjährigen Reiches". "'Eternit' müßte eigentlich 'Surogit' heißen", witzelt Bodo Hell beim gemeinsamen Rundgang durch die Kulturgeschichte dieses Baustoffs.

Die dritte Perspektive nutzt die mediale Dimension, die dem Material durch seinen Gebrauchswert zugewachsen ist oder sich als affektive Patina des Billigen, Anonymen und Unauffälligen auf der Oberfläche des Materials abgelagert hat. Hauptsächlich die massenhafte und unsensible Anwendung von Eternitschindeln in der sogenannten "Häuselbauerkultur am Land" prägen ein negatives Image dieses Baustoffs. An den Positionsverschiebungen in der Rangordnung der Materialien läßt sich ganz allgemein der Wandel von Werthierarchien innerhalb unserer (Geschmacks-)Kultur ablesen. In einer Zivilisation, deren Lebensprozesse stark durch industrielle Produktionsweisen geprägt sind, werden gerade solche, imagegeschädigte Massenprodukte schnell mit sowohl individuell-emotionalen wie auch kollektiven, um nicht zu sagen sozialästhetischen Bedeutungen behaftet.

Eternit, der gehobelte Neffe des rauhen Beton

Allerdings ist der härtere Beton in diesem Sinne höher konnotiert, weshalb ihm in der Kunst auch eine echte Karriere beschieden ist. Das liegt nicht nur an seiner besseren Formbarkeit, sondern seiner aggressiven Materialität verbunden mit der großen Verbreitung, die Beton zu einem existentiellen Emblem unserer posthistorischen Überlebenszivilisation macht. Diese Kultur ist gerade daran, ihre Unsterblichkeit in das ewig flimmernde Licht elektronischer Bilder zu entmaterialisieren oder umgekehrt, in die unverrückbare Massivität des kristallinen Gußgesteins zu verbunkern. Helmut Mark arbeitet normalerweise an Videoinstallationen, in denen er den Monitor in architektonisch geformte Betonkörper eingießt und auf diese Weise den posthistorischen Bogen zwischen Archaik und Hypermoderne oder anders gesprochen, zwischen Beton und Elektron aufspannt.

Beton steht für die rauhe Realität des Urbanen. Nicht unwesentlich hat Le Corbusier mit seinem 'beton brut', der durch seine unverhüllte Materialität bald im Deutschen mißverständlich mit "Brutalismus" kurzgeschlossen wurde, zu diesem Image beigetragen. Dem Faserzement als gleichsam "gehobeltem Neffen" des Betons scheint in der Kunst eine weniger expressive Wertigkeit zuzukommen, nicht zuletzt wegen seines vermeintlich sachlicheren, pragmatischeren Einsatzes, der sich durch die Vorgefertigtheit aufdrängt.

Dem widerspricht aber die Fotografin und Plastikerin Sabine Bitter, die als geborene Mühlviertlerin sensibilisiert ist für die eternitverschandelte Häuselbauerkultur am Lande, aber auch für den hohen Identifikationswert dieser Unästhetik. 1990 hatte die weitgereiste Künstlerin in ihrem Heimatort Rohrbach in einer kleinen Galerie die Gelegenheit, ihre Beobachtungen ihren ehemaligen Mitbewohnern auseinanderzusetzen. Im Schaufenster der Ladengalerie präsentierte sie ein fleckig verunklärtes, ovales Landschaftsbild. Träger dieses Landschaftsfotos waren in einem Raster aneinandergefügte Eternitplatten, mit deren Materialität alle Einwohner des Ortes bestens vertraut sind. Links oberhalb der Auslage befestigte sie an der Fassade ein auffälliges Schrifttransparent mit einem Aphorismus von Adalbert Stifter, der in kantischem Erkenntnisrelativismus über die Natur sinniert.

Stifter, der 1805 im damals noch österreichischen Oberplan im Mühlviertel geboren wurde, genießt — so die Künstlerin — als dichtender Sohn der Heimat im Bewußtsein der Bevölkerung auch heute noch eine gewisse Verbindlichkeit, ähnlich wie das Eternit an den Häusern. Der Grund sei seine ambivalente Gemütsdichtung zwischen einem Realismus, mit dem er die untergründige Gewaltsamkeit der rauhen Natur dieser Gegend schildert und eine romantische Verklärung, die die Sehnsucht nach dem Einklang mit dieser Natur verrät. Sabine Bitter hat deshalb speziell einen lieblichen Landschaftsausschnitt gesucht, um die Stiftersche Gemütsambivalenz auf den rauhen Untergrund der gebauten Realität abzubilden, und um damit den Bewohnern ein Stück kollektive, ästhetische Identität im Schaufenster an der Dorfstraße zu vergegenwärtigen.

SABINE BITTER, Naturalien - de facto #2,
Landschaftsfoto auf Eternitplatten 200 x 350 cm,
Textfragment von Adalbert Stifter auf Stoff,
Installation: Galerie The Only One, Rohrbach 1990

Außenstehende, die nicht in diese spezifische Mentalitätslandschaft eintauchen können, mögen diese Installation mit dem bezeichnenden Titel "Naturalien, de facto" als eine Art angewandte Soziologie lesen. Tatsächlich eignen sich billige, industrielle Halbfertigprodukte zuweilen bestens zur Darstellung sozialästhetischer Phänomene. So kann man auch die kubischen Holzskulpturen von Willi Kopf als eine Art "angewandte Soziologie der Spanplatte" verstehen. Der Künstler bekundete selbst neben den gestalterischen Eigenschaften sein Interesse an der kulturellen Bedeutung dieses preisgünstigen Recyclingmaterials, an dem sich das ganze widersprüchliche Spektrum zwischen dem Selbstverwirklichungsbedürfnis des Bastlers und der anonymen Verwertungsrationalität der Industrie thematisieren läßt.

Aber schlechthin auch individuelle, kindliche Erinnerungen haben sich durch Reibung an der rauhen Oberflächen des Faserzements prägend in den Gemütshaushalt eingeschliffen. Erstaunliche Regungen sind zuweilen Menschen zu entlocken, mit denen man über das Thema spricht und die sich an ihre frühen, weltbegreifenden Tastversuche erinnern, etwa entlang des eternitverschindelten Hauses der Großmutter oder an die leicht anbohrbaren Trennwände in den Badeanstalten.

Diese stark in Erinnerungen und Lebensprozessen verankerte Sensitivität macht es Künstlern schwer, das beredte Halbfertigprodukt als neutrales, gestalterisches Material einzusetzen. Auf die assoziativen Wertigkeiten muß auch Kurt Spurey Rücksicht nehmen, wenn er Eternitplatten als scheinbar autonomes Material in seine mehrteiligen, monochromen Tafelbildensembles, in denen er z.T. Leinwandmalerei mit dem haptischen Grau von Faserzement kollidieren läßt, integriert. Offener gegenüber der assoziativen Vorbelastung scheint eine Arbeit von Josef Trattner aus dem Jahre 1992 zu sein. Der Künstler ließ sich ein 106 Zentimeter messendes Eternitrohr in vier schmale Segmente schneiden und füllte den Hohlraum mit weichem, verschiedenfarbigem Schaumstoff. Doch auch hier dominiert die Idee der autonomen Kombination von gegensätzlichen Stofflichkeiten.

Die Materialavantgarde und ihre Befreiungsbewegung

Die Arbeiten dieser Künstler scheinen sich auf eine Tradition der Avantgarde zu berufen, die als oberstes Ziel die autonome, von allen Benutzungsspuren befreite Materialität der reinen Oberfläche anvisierte. Die moderne Kunst ist überhaupt als eine Art radikale "Befreiungsbewegung" zu verstehen, in der die bildnerischen Mittel der Reihe nach von ihrer dienenden Darstellungsfunktion erlöst wurden, um auf der Leinwand, oder — wenn das Bildgeviert zu eng wurde — im Raum sich selbst zu verwirklichen. Nachdem sich bei Hölzel und Kandinsky die Form vom Gegenstand und bei Delaunay die Farbe von der Form gelöst hatte, schickte sich das Material an, seine Eigenheiten, seine Oberflächenqualitäten jenseits von Form und Farbe zu exponieren und als eigene "Materialsprache" zu explizieren. Es begann 1912, als Picasso ein banales Wachstuchfragment mit Rohrgeflechtimitation in eine kubistische Komposition klebte. Ebenso wie Kurt Schwitters, für den zur gleichen Zeit jedes Material kunstwürdig wurde, interessierten sich aber die Kubisten weniger für die Eigensprachlichkeit des Materials als für deren Farb- und Reizwert.

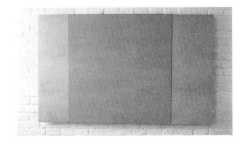

KURT SPUREY, Triptychon Grau eingeschlossen in Grau, Molino, Acrylbinder, Graphit, Eternit, 120 x 170 cm, 1992

1913 besuchte ein junger Russe das Atelier von Picasso in Paris, und was er dort sah, erschütterte ihn. Wladimir Tatlin kehrte eilig nach Moskau zurück und fertigte seine ersten Bildreliefs aus Eisen, Holz, Stuck und Pech an. Der gelernte Schiffszimmermann befreite die "Kultur des Materialen" ganz vom Gegenständlichen und verhalf ihr, im Unterschied zu Picasso, zu einer eigenständigen, nichts als sich selbst darstellenden Sprache. Der Kunstbegriff der Konstruktivisten war so von Anfang an engstens mit dem Materialbegriff verknüpft. Die Realität des Stofflichen ließ sich auch am besten mit der Wirklichkeit der Werktätigen verbinden, und der Umgang mit neuen, konstruktiven (Bau-)Stoffen und deren wissenschaftlicher

JOSEF TRATTNER, o.T.,4 Eternitrohre, Schaumstoff, 240 x 106 x 106 cm, 1992

Erforschung wurde zum künstlerischen Paradigma für den Aufbau einer neuen, revolutionären Gesellschaft. Rodtschenko und Stepanowa übertrugen das wissenschaftliche Materialdenken in ihrem Manifest des Produktivismus auf den sozialistischen Kollektivismus. Das Bauhaus erhob die künstlerische Materialerforschung zur Grundlage für die Entwicklung von zweck- und industriegerechten Produkten: "eine richtige schöpferische verwendung des materials klärt die frage über funktion," hielt Laszlo Moholy-Nagy in seiner berühmten Bauhausschrift "Von Material zu Architektur" 1929 fest.

Doch die pionierhafte Euphorie wurde durch den zweiten Weltkrieg rasch abgekühlt und köchelte danach als gepolsterter Modernismus der Nierentischepoche weiter. Wir haben eingangs versucht, die doppelkegelige Eternitschale mit ihrer gurkigen Eleganz als ironischen Kommentar auf diese Abkoppelung der Avantgarde von den sozialrevolutionären, funktionalistischen Inhalten zu deuten. Die durch den Konstruktivismus freigesetzte Material-Avantgarde entwickelte sich in zwei entgegengesetzten Strömungen fort: auf der einen Seite zur Minimal Art, die die angestrebte Synthese von Kunst, Technik und Industrie in der Autonomie einer hochpolierten High-tech-Ästhetik retten wollte und auf der anderen Seite die Kunst des Informels, die die gewöhnliche Materialität von schäbigen Maueroberflächen mit dem Kunststatus adelte und sich später durch die Material- und Müllberge der Zivilisation zurückwühlte bis zur arte povera, die Ende der sechziger Jahre das Niedere der Natur im klinisch reinen Galerieraum präsentierte.

Kunst am Bau und das Dilemma der Nachhut-Avantgarde

Zwischen diesen beiden Extremvarianten spannte sich ein weites Feld, in dem Künstler in den siebziger Jahren ihr künstlerisches Materialdenken verorten mußten — ein Spielfeld, das gleichzeitig alles möglich machte, aber doch eingeschränkt erschien, weil man nicht mehr auf den euphorischen Impuls der Pioniere setzen konnte. Viele Nachhut-Avantgardisten, die die Entdeckung neuer Materialien mit neuen Erfahrungsmöglichkeiten identifizierten, rutschten auf dem Materialfetischismus der obsessiv polierten Oberflächen aus. Was blieb, waren die Rückzugsgefechte hinter die Linie von "Kunst am Bau", von wo aus man nochmals zur Eroberung des Stadt- und Lebensraumes durch den gestaltenden Geist der Avantgarde blasen wollte, als ob Künstler in der profitmaximierenden Stadtplanung tatsächlich etwas mitzureden hätten, außer in der nachträglichen Behübschung von peinlichen Bausünden. Von der rührigen "Wohl- und Schönfahrtsidee" waren auch einige Teilnehmer des schon erwähnten Symposiums in Oberlaa '75 beseelt. So etwa Guenther Kraus, der meinte, daß mit farbiger Eternitplattengestaltung in der "harten (Fertigbau-)Architektur Fehlendes durch händischen Einsatz ergänzt werden und Hinterhöfe mit "Sitz- und Meditationsmulden" humanisiert werden könnten. Am ehesten schien man der funktionellen Starrheit der Betonarchitektur mit dem rabiateren "Befreiungsrausch" und einer Portion "gesunder Aggressivität" (Werner Hofmann) beizukommen, wie es etwa Roland Goeschl 1971 mit seiner "Platzverbauung" im Studentenheim Wien-Döbling versuchte. Eine wie von Gigantenhand geworfene Streuwurfsendung von großen, bunten Quadern kullert vom Dach des Heimes und verteilt sich im Hof. Der Künstler konstruierte die Kuben aus Eternit, deren Materialität aber künstlerisch nicht relevant ist und die unter einer farbigen

Haut verborgen bleibt. Der Stoff bot sich hier lediglich aus pragmatischen Gründen an. Dagegen versuchte sich Hans Newidal in einer direkten Verschränkung von "Kunst am Bau" und einer alltagspraktischen Funktion, deretwegen der Baustoff vor rund hundert Jahren in Vöcklabruck erfunden wurde. Im fünften Wiener Gemeindebezirk ließ er ein Dach mit einem scheinbar wahllosen Muster von bunten Eternitschindeln abdecken. Gropius' Forderung nach der bewußten Gestaltung der fünften Fassade, die für die Ansicht aus der Flugzeugperspektive gedacht war, fand hier eine eher ironische Anwendung.

Aber insgesamt scheinen künstlerische Strategien interessanter, die subversiv mit den negativen Konnotationen arbeiten, die dem Faserzement allein schon durch die gesteigerte Umweltsensibilität zugewachsen sind. Eine seit Adorno sich notwendigerweise negativdialektisch definierende Kunst kommt nicht umhin, durch symbolische Umpolungen (etwa über die "Ästhetik des Häßlichen") den Mechanismus der Bewertung von kulturellen Phänomenen im Kunstwerk selbst mitzuthematisieren, um nicht naiver Affirmation aufzusitzen. Sabine Bitters militärgraue Beton- und Bunkerästhetik haben wir schon angesprochen. Auf andere ihrer Arbeiten und auf solche der Gruppe Gang Art, die mit ihren multimedialen Events an prekären Orten des Wiener Stadtkörpers eine Art Plädoyer für die urbane Qualität des Brutalismus der fünfziger Jahre inszenieren, werden wir am Schluß noch zu sprechen kommen.

ROLAND GOESCHL, Platzverbauung,
Baueternit 15 mm auf Stahlkonstruktion, farbig gestrichen,
Installation: Int. Studentenheim an der Peter-Jordan-Straße, Wien-Döbling, 1970

Das Material für den hautgerechten Konstruktivismus

Wir dürfen aber nicht übersehen, daß durch die konstruktivistische Eroberung der vom Kubismus herrührenden "planar Dimension" (Margit Rowell), die den Betrachter durch raumgreifende Flächen ins Kunstwerk einbezieht, ein neues Verhältnis von Skulptur und Architektur angebahnt wurde, das bis heute viele künstlerische Möglichkeiten offen läßt. In dieser Tradition arbeitet Marianne Maderna, die durch die vielschichtige Vernetzung der beiden Medien eine "neue skulpturale Kategorie (entwirft), die im Zwischenbereich von autonomer Skulptur und in situ Arbeit angesiedelt ist." (Hildegund Amanshauser) Das großflächge, preiswerte und vor allem auch relativ leichte Plattenmaterial von Eternit bot sich fast zwangsläufig an, wenn es darum ging, begehbare Architekturskulpturen zu konstruieren. So verwendete sie für ihre große Installation "Bau" 1991 in der Wiener Secession, in der Maderna einen doppelwandigen Raumquader in den niedrigen Galerieraum einpaßte, 25 Millimeter starke, fast schwarze Eternitplatten, die auf eine Eisenkonstruktion aufmontiert wurden. Dennoch erstaunt, daß neben den pragmatischen Kriterien die Suche nach einem — wie Maderna bekennt — "hautgerechten" Material, das zeitgemäß sei und in dem sie auch gern wohnen würde, die Wahl der dunklen, antrazithfarbenen Zementplatten bestimmte. Sachliche Konstruktivität verbindet sich hier mit der sensitiven Umpolung von gängigen Materialwertigkeiten, die aber beide im Dienste ein und derselben künstlerischen Absicht stehen. Maderna wollte einen gleicherweise durch Form und Materialität bestimmten, spirituellen Innenraum schaffen, der sich vom Umgebungsraum absetzte. Zu diesem Zwecke verjüngten sich die Seitenkanten der Außenflächen nach oben hin zu einer mastabaähnlich geböschten Architektur, die massiv im Raum stand. Über eine seitliche Öffnung gelangte man durch eine "Schleuse" mit Schiebetür in das Innere, in dem sich nun umgekehrt die Raumbegrenzungen nach oben erweiterten. Durch diese zwei gegenläufig ineinandergesteckten Raumtrichter sollte der Betrachter auf sich selbst zurückgeworfen werden und sich als Ikone spüren können.

Wenn die Künstlerin berichtet, daß sie nach einem "hautnahen" Material gesucht habe, so definiert sie für sich Architektur als eine Art weiches Futteral und knüpft damit eine direkte Verbindung zu Adolf Loos' Theorie der Bekleidung, wonach in der Architektur als eine Art dritte Haut das Prinzip der Wandverkleidung mit warmen, wohnlichen Materialien der ursprüngliche Zweck des Bauens sei. Der kristalline Faserzement übertrage auch die Haptik von "versteinertem Holz". In dem dunklen Eternit steckt — und darin wird der Produktname wörtlich genommen — aber auch der kalte Schimmer der Ewigkeit. Die archaische Schlichtheit der Installation erlaubt überdies den Rückschluß auf Urformen der Behausung, und in dieser Installation ließ Maderna die Geschichte der Zeltarchitektur und die der Grabarchitektur, ephemeres Beduinenzelt und dauerhafte Mastaba in einem Punkt, in einem modernen Industriematerial zusammenlaufen.

HANS NEWIDAL, Kunst am Bau
1050 Wien, Kohlgasse 11/1

Konstruktionswahrheit und die Doppelmoral der Fassadenbekleider

Mehr zufällig geriet der Kärntner Künstler Josef Dabernig an das formkonstante Plattenmaterial. Er beschäftigt sich mit mathematischen Systemen, sogenannten numerischen Abstraktionen, die er auf die Längenabmessung von Formschienen und Aluminiumzargen überträgt und durch rechtwinklige Montage in einem wandfüllenden Raster veranschaulicht. Als Kontrast zu diesem linearen Rahmenmuster suchte der Künstler nach Rechteckflächen und stieß dabei auf die Fassadenplatten von Eternit, die er zuvor als Unterlagen für seine Schweißarbeiten verwendet hatte. Die Tafeln hätten aber auch aus anderem Material bestehen können. Entscheidend sind die Zwischenräume zwischen den Platten, in denen die Unterkonstruktion sichtbar bleibt und die in progressiven Abweichungen variieren und so z.T. Raumtäuschungen hervorrufen. 1989 montierte Dabernig in seinem Atelier ein solches System mit zwei Reihen von immer gleich großen Eternittafeln. In der oberen Kolonne nimmt der Abstand von links nach rechts um jeweils 11 Millimeter zu, in der unteren dagegen bleibt er gleich, dafür wandern die Platten um je dieses Maß nach oben.

Wenn zwar sich Dabernigs mathematischer Systematismus, dessen Rationalität dem quasi-wissenschaftlichen Ansinnen der Konstruktivisten ähnlich ist, jenseits des schönen Scheins auf die dynamische Grundgrammatik der Produktion und Wahrnehmung von Kunst (Adolf Krischanitz) beschränkt, so wirft gerade diese Arbeit auch einen historischen Reflex auf die legendäre Wiener Debatte um die Fassadenbekleidung. Tatsächlich bekennt der Künstler, daß er bei dieser für sein Atelier durchaus zweckvollen Wandverkleidung an eine fiktive Fassadendekoration gedacht habe, bei der es darum ging, eine adäquate Unterkonstruktion für Fronttafeln zu erfinden. Der selbsternannte Vollender der Ringstraße, Otto Wagner, benutzte ja in den neunziger Jahren des vergangenen Jahrhunderts erstmals im großen Stil die Plattentechnik, um einen Ausgleich zwischen dem bisher durch aufwendige Dekoration oder massives Quadermauerwerk befriedigten Repräsentationsbedürfnis und der modernen Ökonomie von kurzer Bauzeit und sparsamem Materialeinsatz herzustellen. Adolf Loos widersprach diesem Kompromiß und forderte die Beschränkung der Architekturbekleidung hauptsächlich auf den Innenraum und dort auf den materialechten und wohngerechten Einsatz. Wagner, der große Verfechter der sogenannten Konstruktionswahrheit, mußte ja bekanntlich

MARIANNE MADERNA, "Bau" 1991, Eternit, Eisenkonstruktion,
Außenmaß: 280 x 470 x 290 cm, Innenraummaß:
280 x 133 / 131 x 73 / 71 cm,
Installation: Secession Wien, 1991

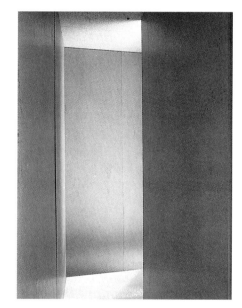

"Bau" (Detail)

bei der Montage der schweren Marmorplatten an der Postsparkasse schummeln. Weil das Mörtelbett nicht dem Baufortgang entsprechend schnell genug trocknete, unterstützte man die Montage mit den berüchtigten Metallbolzen, die dann, nach der Trockenzeit, als rein dekorative Zierknöpfe an der Fassadenverkleidung verblieben. In Dabernigs halb verdeckter Unterkonstruktion mit der Eternitverkleidung scheint etwas von der Eigentümlichkeit dieser argumentativen Windung des Wiener Modernismus aufgehoben, der immer das Falsche als das Echte ausgibt und gleichzeitig, indem er das Falsche sichtbar macht, doch wieder echt wird. Die Lücke zwischen den Eternitplatten wirkt als methodische Maßnahme doppeldeutig, analog wie Wagner die Not der Knöpfe zu einer dekorativen Tugend umwertete. Wenn auch Dabernig nicht direkt auf diese Debatte um die Fassadenbekleidung mit seinen beiden Exponenten Wagner und Loos anspricht, so wird sie doch untergründig auf der Ebene industrieller Fertigprodukte von Aluschienen und Baueternit in unsere Zeit hinein fortgesetzt. Sind es nicht der Sparsamkeitsglaube und die gleichzeitige Tristesse der "Häuselbauerkultur", die in diesem Graustoff Wagners Idee bestätigen und gleichzeitig ad absurdum führen? In diesem Sinne könnten wir in Dabernigs sezierter und mathematisierter Fassadendekoration auch ein Stück aktueller Architekturkritik erkennen.

JOSEF DABERNIG, Spet 515, Aluminium, Eternit, 515 x 256 x 11 cm, Atelieraufnahme, 1989

Ein Bankett für das Ornament der Masse

Zu einem veritablen und mittlerweile z.T. auch wirksamen Instrument der Architektur- beziehungsweise der Urbanitätskritik hat die Gruppe Gang Art ihre künstlerischen Einsätze aus Filmprojektion, Tanz, Bewegung, Musik und Installation ausgebaut. Seit rund acht Jahren sind die Mitglieder unterwegs auf der Suche nach immer neuen, urban prekären oder auffälligen Orten, an denen sie ihre multimedialen Events aufführen, die Parallelen zu den Bild- und Bühnenwerken der visionären Konstruktivisten der zwanziger Jahren aufweisen. Dabei geht es um eine Art Archäologie des Ortes, die sich in den letzten Jahren auf ein gefährdetes Stück der Wiener Architekturgeschichte konzentriert: auf die mondänen fünfziger Jahre, deren spärliche Zeugen als kontrastierende Kristallisationen eine eminente Bedeutung für die Darstellung des urbanen Charakters dieser Stadt besitzen. Gang-Arts — manchmal an Greenpeace-Aktionen erinnernde — Einsätze sind mittlerweile nicht nur zu einem lebendigen Plädoyer für eine großstädtische, aufgeklärt mondäne Urbanität, sondern auch zu einer alternativen Form eines städtebauliche Gutachtens gegen die kleinbürgerliche Stadterneuerungs- und Behübschungsideologie geworden.

Eines ihrer jüngsten Zielobjekte war die Wiener Stadthalle, einem 1958 von Roland Rainer fertiggestellten, multifunktionalen Gebäudekomplex für Massen- und Sportveranstaltungen. Als Schauplatz wählten die Gang-Art-Leute die monumentale Eingangshalle mit den Kassakabinen, Fast-Food-Versorgungseinrichtungen und Verteilungsanlagen — ein Durchgangsort, der nach großen Veranstaltungen immer auch ein Ort der Verwüstung ist. Beim ersten Augenschein waren die Mitglieder gleicherweise entsetzt und fasziniert, wie an dieser Stelle die Grandiosität der großzügigen Architektur mit der pöbelhaften Ignoranz des Massenpublikums kollidierte — hier, an dieser Schleuse, wo die mit Billigangeboten angekarrten Zuschauerscharen zusammenströmen und wo die "Kulturindustrie" (Adorno) sich in ihrer krudesten Form austobt. Es entstand die Idee, diesem zähbeweglichen Massenornament (Kracauer) ein festliches, kollektives Kommunikationsornament in den Weg zu stellen. Erstmals griff die Gruppe auf den Baustoff Faserzement zurück. Seine merkwürdige Ambivalenz zwischen der großflächigen Monumentalität und der konnotativen Vorbelastung durch die Häuselbauerkultur schien die kulturellen Kollisionen in diesem Raum aufs stimmigste zu reflektieren. Man konstruierte aus den 123 x 304 Zentimeter großen Normplatten von Baueternit zwei riesige Tischreihen, die mit Stuhlkränzen versehen und als Barrieren quer zu den Einfließkanälen der Vorhalle postiert wurden. Zur Glashautfassade hin wurde ein Podium mit ebenfalls einem Tischelement installiert, über dem eine Projektionswand aus mattierten Glasplatten hing. Der gegenüberliegende Raumteil mit den Treppenaufgängen und Garderobenischen wurde mit Eternitplatten großflächig verschalt. Gang-Art gelang es, mit diesem imposanten Eingriff und nicht zuletzt auch durch die ambivalente Image-Umpolung des imagegeschädigten Graustoffs, diesen Raum in seiner Bestimmung und Atmosphäre völlig neu zu definieren und gleichzeitig, durch Rücksichtnahme auf den normalen Kontext, den aktuellen Zustand und die Funktion von solchen multifunktionalen Massenveranstaltungshallen handgreiflich bewußt zu machen.

Der militärische Raum und der diskrete Charme der "Zitadellenkultur"

Auch Sabine Bitters künstlerischer Aktionsradius hat sein Zentrum nicht zwischen Atelier und Galerie, sondern bewegt sich außerhalb in kollektiven, industriellen Räumen. Ähnlich wie der trainierte Spähtrupp von Gang Art recherchiert sie in kunstlosen Situationen. Allerdings sind es meist nicht funktionsfähige Einrichtungen, als vielmehr unwirkliche, urbane Räume in verlassenen, halbdemolierten Gebäuden, aufgelassenen Industrie- und Bunkeranlagen, aber auch — wie auf ihrer Amerikareise — in leeren Schießhallen. Ihnen allen haftet die Rohheit des Militärischen an, wo das Leben auf Überleben reduziert ist. An diesen Rändern der Zivilisation wird die Wirklichkeit unserer Kultur auf eine ganz andere Weise greifbar. Paul Virilio hat den militärischen Raum mit seiner merkwürdigen Paradoxie von statischer Verbunkerung und grenzenloser Mobilität, deren Dynamik der Beschleunigung alle Dinge zum Verschwinden bringt, als Paradigma für die Zukunft unseres Lebensraumes beschrieben. In diesem epochalen Gefühl von Kristallisation und Entmaterialisierung erscheinen Verbunkerung und rastlose Mobilität zunehmend als Surrogate urbaner Utopien. Bitter reflektiert auf dieses "dromoskopische" Weltbild in ihren Fotografien, aber auch in ihren Installationen, die in vielfältiger Weise auch Faserzement einbeziehen. Benutzte sie anfangs Eternit als Ersatzmaterial für Beton, so nimmt der Graustoff — wie wir schon oben gesehen haben — heute eine universale Bedeutung im künstlerischen Ideenkreis von Bitter ein. In der Ausstellung "Mobiliar Linz" 1987 wurde ein Kellerraum mit prototypischen Elementarformen mit Einrichtungsgegenständen wie Betten nach der ÖBB-Norm und Spinden bestückt. Die glatte Oberfläche des dünnen Plattenmaterials, aus dem diese Möbelkollektion "Brachial Modern" gefertigt war, setzte sich kontrastreich von den rauhen Betonwänden ab. Ebenfalls mit dem militärischen, kruden Charme von Bunker- und Unterstandsarchitektur arbeitete die Installation "Unterschlüpfe" 1989, die aber diesmal, an prominenter Stelle plaziert, nämlich in der Passagengalerie des Künstlerhauses am Karlsplatz, auch als ein Stück Architekturkritik zu lesen war. Die Künstlerin interpretierte das militärische Zeichen für "Unterschlupf" wörtlich, respektive bildlich und setzte die vierfach abgewinkelte Linie in entsprechend vierfach geknickte mannshohe Eternitnischen um. Damit verschalte sie die Rückwand der unterirdisch an einem U-Bahn-Zubringer gelegenen Laden-Galerie. Es entstanden Nischen für fiktive Wachposten im Gegenwechsel mit Verblendungen, hinter

GANG ART, Icon a tool rather than a totem,
Normplatten Baueternit (123 x 304 cm),
Pag-Holz-Sitzschalen, Hartglas mattiert,
Installation: Stadthalle Foyer, Februar 1991

GANG ART, Icon (Detail), Tischelement aus Eternit

denen man sich verstecken konnte. Der anspielungsreiche Eingriff agierte bewußt im spezifischen, urbanen Kontext. Er deutete ein Stück Realität der U-Bahn-Anlage, die nicht nur den fließenden Passantenverkehr reguliert, sondern auch gesellschaftlichen Randgruppen Unterschlupf bietet. Aber auch historische Querverbindungen boten sich an: Bis in die sechziger Jahre des letzten Jahrhunderts verlief hier die äußere Verteidigungslinie des Festungsrings, hinter dem sich die Einwohner der Wiener Innenstadt verschanzten. Ganz nebenbei möchte man hier Werckmeisters Schrift über die "Zitadellenkultur" zitieren, in der der Zivilisationskritiker eine Wohlstandsgesellschaft beschreibt, "deren Kultur von nichts als Krisen handelt" und die sich in dieser Ästhetisierung der Apokalypse einigelt, um sich gegen die wahre Katastrophe abzuschotten.

Sabine Bitter beschwört in ihren Arbeiten aber nicht nur die Embleme einer starren und langsam auskristallisierenden Zivilisation. In ihrer jüngsten Ausstellung in Wien bestückte sie den Galerieraum mit mentalen Ausrüstungsgegenständen für eine Expedition. Die Künstlerin plant im nächsten Frühjahr eine Weltreise. Unter anderem waren drei große Kreisscheiben aus fingerdickem Eternit mit siebbedruckten Landschaftspanoramen zu sehen; Titel: "Globus". Der Computer hat das Rundumband, in das man sich sonst in den alten Rundpanoramen hineinstellen mußte, gleichsam wie in der Fischaugperspektive auf die plane Kreisfläche "gewickelt", so daß der Betrachter — wie auch die Künstlerin selbst — sich auf richtiger Distanz vor diesen "Weltabbildern" aufstellen konnten.

SABINE BITTER, Brachial Modern (Einrichtung für drei),
9 Einrichtungsgegenstände aus Eternit,
Ausstellung: Mobiliar Linz 1987

Ich möchte an dieser Stelle unsere kleine Führung mit Sabine Bitter schließen, weil diese Künstlerin wohl am umfangreichsten auf den Baustoff, der zur Debatte stand, zurückgegriffen hat. Alle drei Aspekte, die wir oben als charakteristisch für den gegenwärtigen Umgang mit diesem Material skizziert haben, sind in dieser multimedialen Konzeption miteinander verflochten.

Ich hoffe, daß der Rundgang für den Leser lohnenswert war und daß plausibel wurde, daß es dabei nicht darum gehen konnte, die Kunsttauglichkeit dieses großindustriell produzierten Graustoffs zu beweisen. Seit Schwitters, Picasso und den Konstruktivisten sind alle Materialien kunsttauglich. Mit der gewollt findigen Einführung immer neuer Stoffe an sich, seien es Rohmaterialien, seien es Halbfertigprodukte, lassen sich seit diesem Zeitpunkt keine Lorbeeren mehr am Innovationsmarkt der Avantgarde verdienen. Es ging schon damals darum, wie man mit dem neuen Material umgeht, welchen Mehrwert an Bedeutungen man ihm durch

SABINE BITTER, Unterschlüpfe,
Eternit 7 x (60 x variabel 210 cm),
Installation: Künstlerhauspassage, Wien 1989

den Transfer in die Kunstsphäre verschaffen oder umgekehrt, welche kunstexternen Assoziationsfelder man mit dem Fremdling für die Kunst erschließen kann.

Als ich eingangs mit der Transferaktion des Doppelkegels BB1 in den Galerieraum das Verhältnis von Kunst und Faserzement schon erschöpfend auf den Punkt gebracht sah, sollte der Verdacht ausgesprochen werden, daß alle substantiellen Verwendungen und Anwendungen letztendlich im Ready-made-Charakter fokussieren. Nicht die Exponierung einer autonomen Materialästhetik ist das Interessante an dieser Kombination, sondern das affektive oder gar sozialästhetische Bedeutungsgefüge, das dieses Halbfertigprodukt durch seine Kulturgeschichte, durch seinen Gebrauch und Mißbrauch selbst mitbringt und das durch einfache Manipulationen oder durch verfremdenden Einsatz formbar ist und eine Fülle von künstlerischen Verdichtungen zwischen Alltag und Kunst bietet. Nicht das Buchstabieren einer autonomen Materialsemantik ist das Wesentliche, sondern gerade die imagegeschädigte Vorbelastung, die zu semiotischen Umpolungen reizt, macht diesen steifen Baustoff zu einem spannungsreichen, formbaren "Kunst-Stoff".

SABINE BITTER, Naturalien - de facto #2,
Landschaftsfoto auf Eternitplatten 200 x 350 cm,
Textfragment von Adalbert Stifter auf Stoff,
Installation: Galerie The Only One, Rohrbach 1990

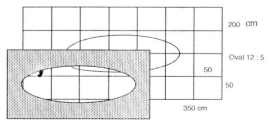

Schaufensterglas mattiert, nur ovale Form durchsichtig

KURT SPUREY, Triptychon Grau eingeschlossen in Grau,
Molino, Acrylbinder, Graphit, Eternit,
120 x 170 cm, 1992

JOSEF TRATTNER, o.T.,4 Eternitrohre, Schaumstoff,
240 x 106 x 106 cm, 1992

ROLAND GOESCHL, Platzverbauung,
Baueternit 15 mm auf Stahlkonstruktion, farbig
gestrichen,
Installation: Int. Studentenheim an der Peter-Jordan-
Straße, Wien-Döbling, 1970

HANS NEWIDAL, Kunst am Bau
1050 Wien, Kohlgasse 11/1

MARIANNE MADERNA, "Bau" 1991, Eternit, Eisenkonstruktion,
Außenmaß: 280 x 470 x 290 cm, Innenraummaß:
280 x 133 / 131 x 73 / 71 cm,
Installation: Secession Wien, 1991

"Bau" (Detail)

JOSEF DABERNIG, Spet 515, Aluminium, Eternit,
515 x 256 x 11 cm, Atelieraufnahme, 1989

GANG ART, Icon (Detail), Tischelement aus Eternit

GANG ART, Icon a tool rather than a totem,
Normplatten Baueternit (123 x 304 cm),
Pag-Holz-Sitzschalen, Hartglas mattiert,
Installation: Stadthalle Foyer, Februar 1991

SABINE BITTER, Brachial Modern (Einrichtung für drei),
9 Einrichtungsgegenstände aus Eternit,
Ausstellung: Mobiliar Linz 1987

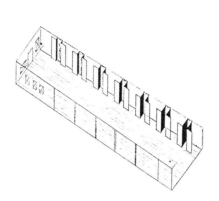

SABINE BITTER, Unterschlüpfe,
Eternit 7 x (60 x variabel 210 cm),
Installation: Künstlerhauspassage, Wien 1989

Bodo Hell

Für die Götter

Bodo Hell

FÜR DIE GÖTTER

alle Götter, für die Ewigkeit, in alle Ewigkeit, diesen Knall, dieses Geknalle vergeß ich nie, sagt der Augenzeuge, ohne lang nachzudenken, auf die Frage, was ihm zu diesem Wort, diesem Markenzeichen einfällt, und erzählt die Geschiche vom Dachstuhlbrand in der Kirche auf dem Pöstlingberg, wie die Schindeln, wie die Dachplatten, ohne selbst zu brennen, explosionsartig in weitem Umkreis in die Gegend hinauskatapultiert wurden, immer wieder hat der starke Wind den Wasserstrahl der Feuerwehrmänner aus der zum Brandherd hin intendierten Richtung abgelenkt, einerseits die alles verzehrende Feuersbrunst, andererseits heimliches Verrotten, unmerkliches Dahinmorschen, also nach beiden Seiten hin ständig auf der Suche nach einem widerstandsfähigen Material, noch dazu leicht und billig soll es sein, und im richtigen Standard für die Minimalanforderungen an Haus und Zimmer, an Gebäude und Wohneinheit, an Balkonbrüstung und Topfpflanze, an umfassendes Wohnen bei jeder Witterung, dieses Schauspiel, dieses Krachen und Prasseln werd ich nie vergessen, nach dem abschließenden Kommando BRAND AUS gilt es, jeweils noch vorhandene einzelne Glutnester zu bekämpfen, kurz vor 4 Uhr morgens steht die Wiener Innenstadt dann am Rand einer Jahrtausendkatastrophe, in dieser hektischen Novembernacht, schön verwittert, ja das waren sie, das war es, was dem Material die Selbstverständlichkeit von etwas direkt aus der Natur Entnommenem gegeben hat, von Schieferplatten beispielsweise, daß sie nämlich Patina ansetzen konnten, schön verwittern, wenn nicht eine Katastrophe eingetreten ist, eben dieses Krachende ein KrachEnde gesetzt hat, selbstverständlich darf die Exposition, darf die Ausrichtung eines Gebäudes, Bauwerks, Baums nach den 4 oder 8 Himmelsrichtungen nicht vernachlässigt werden, die spezifische Anordnung der jeweiligen Räume, von Dach, Wand und Fensterflächen zur Sonnenbahn hin, jaja: Wohnen ist Abenteuer im Haus, Essen ist Abenteuer im Mund, die Schizo-Analyse begreift den Menschen als ständig produzierende und reproduzierende Wunschmaschine, da müßte doch ein Tisch, ein Frühstücksplatz zum Ostfenster hin möglich sein, im Winter merklich kürzer, die Vorratsräume, Bibliothek nach Norden, da kämen Sie auf keinen grünen Zweig, wenn Sie auf alle Einflüsse, Störungsquellen Rücksicht nehmen müßten, Tiefkühlkombination soll nicht direkt hinterm Schlafhaupt zu stehen kommen, das Wichtigste zuerst: die Monatsmiete darf einen Wochenlohn nicht überschreiten, jeder Erwachsene bekommt sein eigenes, wenn auch kleines Zimmer, wo-hin soll man denn sonst, stets immer bei sich selber Zuflucht nehmen, all das, was einen solchen Umgang mit sich und der Umgebung ermöglicht, der andere und an-deres weder ausgrenzt noch vereinnahmt, soll vorhanden sein: so leicht ist das gesagt, Querlüftung war keine vorgesehen, wie damals in den Berliner Zinskasernen, oder sie ist als Prinzip aufgegeben worden, wie in modernen Sparvarianten, solch ein Grundriß hat sehr große Ähnlichkeit mit der amerikanischen Hotelwohnung, Wiener Einraumlösung an Mittelgang mit Koch- und Schlafnische, Verbindungsflur intern mit Waschgelegenheit zwischen Kochnische und WC, 27,3 qm Wohnfläche, Bettenanzahl 2, die Wohnung für das Existenzminimum, viel später kommt das Wort NASSZELLE auf, dann aus der Not eine Tugend, aufgeräumt: mit Doppelbenutzung des Wohnraums zum Wohnen und Schlafen unter Verwendung von Klappbetten wirkt alles ausgeräumt, wir, die Gäste sitzen dann alle, wo sonst, in diesem einen Raum, wer sich aber auch während der Arbeitszeit, arbeitend, zuhause aufhält, für so einen ändern sich die Ansprüche, um sie zu diskreditieren, weist man in der RegierungsZeitung höhnisch auf die 120-QuadratmeterWohnung der regimekriti-schen Zagreber Intellektuellen hin, BASTA hat mich zu ruinieren versucht, NEWS hat mich gerettet, Gesinnungs- und Lebensgemeinschaften verschiedenster Struk-tur werfen das Problem der Minimalwohnung und der Gemeinschaftseinrichtungen neu auf, energiefressende Annehmlichkeiten könnten schon bald als unsozial gelten, zumal wo außerhalb der Stadt der Landverbrauch in den letzten Jahrzehnten sprunghaft angestiegen ist, stärker als in all den Jahrhunderten zuvor, anderswo am Stadtrand entwickelt sich auf Privatinitiative eine Genossenschaftsbeteiligung, mit tragbarem finanziellem Einsatz, wechselseitigem Kinderhüten, gemeinsamem Deutschkurs, Nachbarschaftshilfe, das Mannheimer Modell, heißt es, könnte sehr gut auch als Vorbild für Modena, Glasgow und Kapfenberg gelten, vielleicht bewahr-heitet sich ja dann das Motto der Genossenschaft: Zusammenarbeit schafft Frieden, sonst wären die heruntergekommenen Bauten abgerissen und für die öffentliche Kasse viel teurere neue hingestellt worden, Familie Hüseyin unterdessen verwahr-lost, verstärkter Moosbewuchs am Stamm in Richtung Westen, verschindelt auf der Wetterseite, das war zuerst einmal das wichtigste: die Wetterseite dicht gemacht, wetterfest verkleidet, o meine Brüder, meine Schwestern, ist das was kleidet, das Kleid, man sagt es, wenn auch nicht laut, das grünt nur so vom Boden bis zur hal-ben Höhe, oder wetterseitig den ganzen Stamm hinauf, in Meeresnähe blinkt der

Stamm, blinken die Stämme rundum grün, in so einem Milieu, humid/arid, oder der Hochgebirgsbaum erscheint einseitig kahl, der Stamm nach Osten hin geneigt, die Äste im Westen wie verkümmert, die Krone in Windrichtung zerzaust, wenn du bei Sonnenuntergang, die Sonne im Rücken, von einem Auslug, erhöhten Standpunkt über dem Plateau, hinunter auf den lichten Baumbestand, den Kampfwald, schaust, dann sieht es fast nur nach Abgestorbenem, Totem, knöchern grau nach Baumruinen aus, erst der Blick von der Gegenrichtung, bei Morgenlicht, zeigt wieder wie selbstverständlich lebendigen Bewuchs, ach das grünt ja so, das lebt ja so in windgeschützter Richtung, ach das läßt sich im SILVANUM auch im Querschnitt anschauen, nachvollziehen, asymmetrisch, aus der Mitte gerückt, exzentrisch, den StammMittelpunkt hart an die Wetterseite herangesetzt, Frühholz großporig, Spätholz fest, Mark-Kern-Splint, Kambrium-Bast-Rinde, von innen nach außen gerechnet, zur Schale hin, die nächste Schicht darunter transportiert den Lebenssaft, das darf nicht abgeschält, verfegt, verbissen werden, ein Teil der Jägerschaft lehnt Hütten-Kanzel-Kombinationen oder mitten ins Gelände hingestellte Schießkästen, manche noch auf fahrbarem Untersatz, regelrechte Schindel- oder Dachpappenlauben, entschieden ab, da kann man gleich aus dem stehenden Auto mit geöffneter Seitentür auf Ansitz gehen, mit Wildwanne im Kofferraum, das bleibt dann wenigstens nicht in der Landschaft stehen, inzwischen wissen wir: die sogenannten natürlichen Baumaterialien garantieren nicht von selbst die ansprechende Form, auch Holz im großen Stil horrend verarbeitet, es genügt ein Blick während der Fahrt durch unsere Täler, westwärts, Ansichtssache: bei Regen wie bewegungslos verharren unter einem tropfenden Ansitzdach, ach hätten wir doch ein paar feste Dachplatten, zwei Züge Wellbedeckung, steingrau, heraufgetragen und heroben angebracht, die Westverschalungen an Hausmauern, verputzten Wänden wurden damals auf Holzleisten genagelt, vorgesetzt, so daß zwischen Verputz und Schuppenpanzer ein flacher Hohlraum entstand, sich viele Hohlräume ergeben konnten, mit geheimnisvollem Hinterleben, das sich dem Kind nur dort eröffnet hat, wo eine Platte beschädigt, eingebrochen war, ein immer schon dahinter vermutetes raschelndes Kleintierparadies freilegend, an Bahnwärterhäuschen, Garagen, Keuschen, Flurkapellen, auf die Seite der Ewigkeit, zum Land der Toten hin ausgerichtet, es ist ja höchst merkwürdig, wenn der Altar, der 5/8-Abschluß, wenn das Apsisrund nicht schön nach Osten schaut, in Payerbach oder am Petersdom, da fühlen wir uns um unsere Orientierung geprellt, auch wenn das den einen oder anderen triftigen Grund haben mag, etwa zum Sonnenaufgangspunkt des Joggastags hin orientiert, zu St. Jakob, an Jakob und Anna der traditionelle Almbesuch, der Tag im späten Juli nimmt schon spürbar ab, gewöhnlich dient der Schattenstab des Obelisken zur Tages- und Jahreszeiteneinteilung, sofern ein solcher auf planem Platz und mit genügend Umraum aufgestellt ist, als städtische Uhr, unsicher zwar, doch sparsam im Betrieb, da gibt uns jemand die Tageszeit, die Jahreszeiten, die Lebensalter vor, darauf kann man bauen, ägyptisch, statistisch: je älter einer wird, desto mehr darf er auf ein noch längeres Leben hoffen, vorausgesetzt, daß solche Säulen erkennbar Schatten werfen, solstitium capricorni, evviva evviva il Natale arriva, zur Wintersonnenwende läßt sich der Schattenzeiger im Zentrum der Christenheit nur schwer erkennen, die Sonne, tief, sie spielt um Kreuz und Obeliskenspitze, der schmale Stift vom Winterlicht umflossen, eines Tages ist dann Maria Kirchbühel von oben bis unten verschindelt, oder das Kirchdach und das Pfarrhofdach von Miesenbach-Scheuchenstein, aufmerksam in der Außenwelt lesen, die jetzt so genannte Umwelt mit all den Unsicherheiten benennen können, die oft nur seitwärts, aus den Augenwinkeln sich einprägenden Bilder nachzulesen suchen, auch das ist Abenteuer im Kopf, allein der Wortlaut muß zu denken geben: Preisbeweis, Eigenentsorgung, Multipack, es kann mitunter das Sonnenlicht selbst sein, das durch die Kalottenöffnung ins Innere des Kugelraums fällt und an der Wand mit seinem Lichtfleck die Uhr- und Jahreszeit markiert, da tanzen wieder Myriaden von Staubpartikeln im schrägen Sonnenkorridor, oder eine Klumse, ein schmaler Schlitz läßt eine Säule Sonnenlicht herein, das fällt dann auf die Haut, doch ohne Brennglas brennt es nicht, selbstverständlich waren nicht nur im Salzburger Franz-Josefs-Bad die Trennwände zwischen den UmkleideKabinen, zwischen den DuschKabinen angebohrt, durchbohrt, mit Löchern in verschiedener Höhe, einige genug weit unten, daß das Kinderauge hindurchblinzeln konnte, mit relativ eingeschränktem Sichtkegel, auf der Suche nach Materialität, in jedem Sinn, wie sieht die Kröte, der Käfer, wie sieht der Körper wirklich aus, selbstverständlich fühlte sich so eine Wand kälter an als die Holzbretter draußen, selbstverständlich fühlt sich diese grüngekörnte Tischplatte kälter an als der Filz des Kartentischs, so knirscht auch eine nicht ganz sacht abgestellte Tasse, kracht das Glas, wenn wir die Tischlade herausziehen, sehen wir zu unserem Erstaunen, daß die Plattenunterseite einförmig grau und in der Querrichtung leicht gerippt erscheint, so als sei die anfänglich wohl weiche Masse auf einem Gitter aufgelegen, homogen oder inhomogen, tragend oder nur vorgeblendet, selbstverständlich sind wir froh, wenn diese hinterm

Sparherd in der Hütte auf Distanz von der Holzwand aufgestellte Platte die Hitze ab-
leitet, fettverspritzt, das läßt sich nach Jahren nur recht und schlecht reinigen, der
Ruß, verschmiert, geht kaum mehr weg, dann haben wir also den stark veraschten
Herd ausgeräumt und aus dem Eck hervorgerückt, dann haben wir also das überra-
schend schwere und nicht ganz plane, vielmehr leicht gewölbte Plattenstück einfach
kopfüber hingestellt und die Distanzlatte an der sauberen Seite neu angeschraubt,
das für die Kinder lockende Geheimnis des kompakten Materials hat sich weder auf
der glatten noch auf der weniger glatten Seite lüften lassen, die leicht knickbaren
cerini werden über die rauhe Oberfläche gezogen, mit dem Daumen den Zündholz-
kopf kurz angedrückt, und schon läßt sich Feuer entfachen, wohltätig, ein Dach darüber und es ist ein Haus der Sünde, ganz froh sind wir, wenn die langen schweren
Wellstücke des ehemaligen Stadeldachs ordentlich aufeinander, das heißt ineinan-
der, etwas aufgebockt über dem Boden, liegen, oder sollen wir die Tafeln einfach im
nassen Gras liegen lassen, allein bringst du sie dann nur mehr schlecht vom Fleck,
als Material für Notunterkünfte, wiederverwertet, sonnigen Gemüts für einen Hirten-
unterstand gehalten, am Rand der Via Appia, weit draußen in unmittelbarer Nähe
des umfassenden Autobahnrings, erst gegen Abend, noch vor Einbruch der Däm-
merung und dem üblichen Entzünden von Gummireifenfeuern wird sich der eigentliche Verwendungszweck dieser Plattenhütten, dieser adaptierten KleinbusRuinen
erweisen, aufklären, die einzelnen Kunden warten im Respektabstand in ihren
Limousinen und Stadtflitzern, sitzend, was machen nur die vielen Männer im Antik
Gelände, bukolisch schön verteilt, an dieser Gräberzeile weit draußen vor den Toren
der Stadt, im Pinienschatten, neben dem hochaufschießenden Eukalyptusbaum, es
bleibt das Auto während der Verrichtung im nahen Hüttchen doch nicht offen, un-
abgesperrt, auch durch Aufschlagen, durch Zerschlagen der Schindeln konnte man
nicht wirklich feststellen, wie das Innere beschaffen war, so erschienen uns die Platten wie hart gebacken, unelastisch, sie gaben keiner Krümmung nach, auch das
Innere der Wände bestimmter antiker Bauten ist versteift, gestreckt, gemagert,
man sagt uns: fremdverfestigt, römischer Beton mit Travertin- und Ziegelstücken, für
alle Götter, für die Ewigkeit, während der tönerne Blumentopf, da ist jemand ange-
fahren, in Brüche ging, sehen wir auf so und so vielen städtischen Balkonen, Veranden, Loggien noch diese ganz gewissen rechteckigen Kistchen stehen, unangefoch-
ten von Stoß und Witterung, ursprünglich für Klammerhalterung an Brüstung, Fen-
sterbrett gedacht, oh ist das filzig, dicht, so unkrautüberwuchert schön, ja gibt's

denn das, vom nahen Baum, aus der AilanthusKrone, muß einer dieser Flügelsamen hieher auf dieses Stückchen Erde gesegelt und eben da aufgegangen sein, Fernostimport, erst läßt er lang auf grüne Blätter warten, dann wieder wirft er sie im Herbst spät ab, es raschelt bis in den Vorwinter hinein in den verbleibenden Samenschotenbüscheln, diese Pflanze hat sich in den europäischen Großstädten als sehr widerstandsfähig, extrem anspruchslos erwiesen, schon mit dem kleinsten Spalt zwischen Asphalt und Hauswand nimmt der Schößling vorlieb, ein anonymer Formenschatz in Grau, der sich dem Passanten der 50er/60er Jahre so nebenbei eingeprägt hat und jetzt recht gut zu allem anderen paßt, zusammenpaßt die kühne öffentliche Blumenvasenspindel mit flacher Drahtkunst, mit Pastelltellern oder 6-flammig vertikalem Neonluster, wie man uns sagt, wie wir uns selbst erklären: man darf doch den einzelnen Werkstoff, ein bestimmtes Material, nicht dafür verantwortlich machen, daß es keine verbindlich prägenden Gegenstandsformen mehr gibt, in der Zersplitterung nicht geben kann, ja selbst das Markenzeichen diesem Wandel, aggiornamento, anheimfällt, gefallen ist, einstweilen wird ins Teure, ins eindeutig Benamte, im schönen Kreis untereinander leicht erkennbar, ausgewichen, seiner Natur nach auf Analogien, Ähnlichkeiten eingestellt, gerät dem Blick bald alles Gegossene, Verfestigte scheinbar Konglomerierte, natürlich Zementierte, Sandmassen, Breccie, Tuff, Terrazzo, pozzuolanischer, cumaeischer Zement, jede kleinteilige Materialkombination in verwandtschaftliche Nähe zu unserem Material, ein Glimmerwort, leicht angeschliffen, wie poliert, die Oberfläche preziös gemacht, veredelt, man stelle sich vor: in pompeianisch-Rot, Boden, Wände, Decke zu dekorativen Fläche nobilitiert, dann wieder alles Eingegossene, zum Block Gegossene, als Schadstoff in neutraler Umgebung Gebundene, wenn auch nicht völlig dicht, überprüft, zumindest angezeigt im Wärmeatlas und im Emissionskataster, anderswo wird das Versatzmaterial der Müllverbrennung in aufgelassene Kali-Schächte eingebracht, zementieren meint einerseits läutern, im Bereich der Metallurgie/Alchemie, calcinieren, cementieren, sublimieren, paracelsisch, andererseits befestigen, verbinden, ursprünglich als Bezeichnung des harten Materialabschlags selbst, der im Guß verschwindet, eingegossen wird, später als Bezeichnung auf den Bindestoff selbst übergegangen, während der jetzt nicht mehr verwendete Asbest/As-bestos im griechischen Ursprung 'das Unauslöschliche' meint und als FaserSerpentin oder ebensolche Hornblende vorerst mineralogisch aufscheint, wer hätte damals daran gedacht, daß später Theater, Banken und öffentliche Bauten des Brandschutzstoffes wegen geschlossen und unter Mühen renoviert werden mußten, weit davon entfernt, den überbeschäftigten alten Schindelmacher, den Holznagelerzeuger entlasten zu wollen, können wir das neue Material nur loben, auf du und du mit jeder Schindelgröße, jeder Ritze, und das gilt weit über den Bregenzerwald und den Schweizer Teil des Rheintals hinaus, auch für jene surrealistischen VerschalungsEnsembles mit ihren kaum erkennbaren wahren Größenverhältnissen, die in den Dörfern, kleinen Städten stehen, zumal wenn nicht zufällig eine Vergleichsperson im Bild erscheint, jede Beobachtung ist eine Beobachtung am Beobachter selbst, so klein hat man sich das Originalhaus innen dann doch wieder nicht vorgestellt, angesichts der feinteiligen Außenverplattung, damals im grellen Abendlicht, inzwischen hat sich die Außenhaut der Bauten, die Konstruktion, das Tragen, Getragenwerden grundlegend verändert, das Gerippe ist nicht mehr Diener der handwerklich hergerichteten Fassade, WC nur künstlich beleuchtet und belüftet, die jetzt entlastete Außenwand bietet prinzipiell die Möglichkeit, die Fenster so anzuordnen, wie es für die Belichtung des Wohn-, des Arbeitsplatzes am günstigsten erscheint, die traditionelle rationale transparente holländische Wohnschachtel, wenn dort auch ursprünglich verziegelt, hat auf diese Weise neue Größendimensionen angenommen, annehmen können, an den Platten dazwischen wird das Farbmenü beliebig diskret oder opulent aufgetragen, der avancierte Architekt wünscht sich für die letzte innerstädtische Lücke einen Bau, der sich 'zwar einordnet, aber nicht anpaßt', technisch, versichert man uns, sei dem Streben nach oben hin keine Grenze gesetzt, ausgenommen eine wirtschaftliche für den Fall, daß der Turm in Betrieb sein soll, da die notwendigen Transport- und Kommunikationssysteme ab einer gewissen Höhe den Rationalisierungseffekt wieder zunichtemachen, wir holen uns die Vorteile und verzichten auf die Nachteile, gewissermaßen ohne Materialermüdung, biologisch gesehen scheint der Mensch nämlich auf eine Lebensdauer zwischen 90 und 110 Jahren vorprogrammiert, das Alter ist weiblich, sagt uns die Geschlechterpyramide, da läuft eine Maus, dieser Teil der Geschichte ist aus, zumal auch die letzte historische Telefonzelle im Draschepark Wien Wieden mit ihrer schönen Glattverplattung, der Luftverdrahtung, dem eingepaßten Fenster und der Tafel darüber mit der Zierschrift Oeffentlicher Münzfernsprecher nur für den Ortsverkehr längst durch das aktuelle Modell ersetzt worden ist

Dietmar Steiner

Architektur Beispiele Eternit

Ausgewählte Bauten

Siegbert Haas

KLEINWOHNHAUS EINER KÜNSTLERIN MIT ATELIER

Tirol, 1984

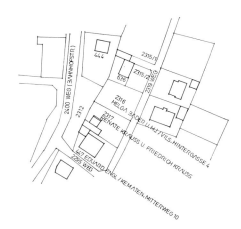

Ein einfaches Atelierhaus in Holzriegelbauweise mit ca. 100 m2 Grundfläche. Die Pultdächer sind mit Welleternit gedeckt. Ein typisches Beispiel wie sich "Eternit" besonders gut in Verbindung mit Holz bei einfachen Aufgaben eignet. Die Alterungsfähigkeit, die Patina verbindet sich im Lauf der Zeit mit der umgebenden Natur zu einer homogenen Einheit. Die Reduktion auf zwei Materialien, die noch dazu besonders gut miteinander korrespondieren, ergeben in Verbindung mit der funktionellen Form des Hauses eine überzeugende Lösung. Häuser wie dieses sind selten in Tirol, anscheinend wird der ökonomischen und leichten Bauweise nicht ausreichend Widerstandskraft gegen die Gewalt der Berge eingeräumt.

"Bei diesem Low-Cost-House ist Welleternit in Naturgrau, sowohl vom Rohmaterial als auch von der Verlegearbeit her, der absolut kostengünstigste Werkstoff. Darüber hinaus entsprach Welleternit der formalen Vorstellung von einer gewissen ländlichen Grobheit sehr gut." - Siegbert Haas

ANSICHT SÜDOST

ANSICHT NORDWEST

ANSICHT SÜDWEST

ANSICHT NORDOST

Florian Riegler/Roger Riewe

WOHNHAUS IN MAUTERN

Steiermark, 1989-1992

Das Projekt beruht auf einem Wettbewerbserfolg im Jahr 1988. Bauträger war die Siedlungsgenossenschaft Leoben-Donawitz.

Das Wohnhaus liegt am Ortsrand, in einem engen Tal, das sich nach Süden zum Ort hin öffnet. In Reaktion auf diese Lage wurde die Ortszufahrt durch eine hohe, schlanke, fast fensterlose Nordfassade definiert. Die Richtung und Struktur der bestehenden Bebauung wurde durch die neue Anlage weitergeführt. Und durch das extreme Heranrücken der neuen Bebauung an den Bach ist eine Freifläche entstanden, als ebenfalls verbindendes Element zum Ort. Der Baukörper ist nur 5,20 m breit, und alle 6 Wohnungen erhalten Licht von drei Seiten.

Das Wohnhaus wurde in Mischbauweise errichtet. Teilweise in Holzkonstruktion mit "Eternit"-Verkleidung, teilweise in verputztem Mauerwerk.

""Eternit", das Material hat eine gute Oberfläche - ist nur scheinbar homogen - die Entscheidung dafür ist uns leicht gefallen." – Riegler-Riewe

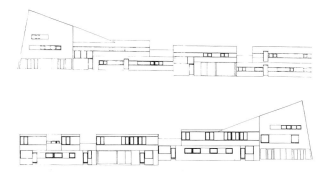

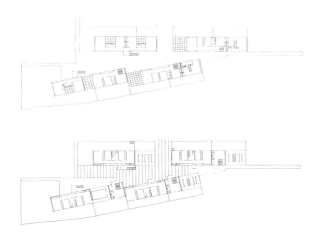

Michael Szyszkowitz/Karla Kowalski

WOHNBAU EISBACH-REIN

Steiermark, 1984-1987

Als Mitbestimmungsmodell im sozialen Geschoßwohnbau wurden 24 Eigentums-
wohnungen für einen "Verein der Wohnungswerber" errichtet. Das Projekt entwickelte sich aus einem geladenen Wettbewerb.

Für die typisch ländliche Stadtrandgegend von Graz wurde aufgrund der gewünschten Dichte ein "Wohn-Dorf mit Hof" entwickelt. Für den Hof wurde ein über-
schaubarer Maßstab gewählt, mit Ansätzen wie sie dem Charakter eines dörflichen
Platzes entsprechen. Ein mit Pflanzengerüsten baulich definierter Rundgang um den
zentral gelegenen Kinderspielplatz ist die öffentliche Zone, von der man in die hal-
böffentlichen Bereiche der Stiegen- und Wohnungseingänge gelangt.

Um diesen Hof terrassiert sich spiralförmig das "Wohnhausgefüge". Hierdurch wurde, auf dem an sich schwierigen Nordhang, neben der Besonnung für Zimmer und
Garten auch für jede Wohnung der Ausblick ins Tal gewährleistet.

"Für den als Akzentuierung der Eingangszonen gewünschten schuppenförmigen
Aufbau der Wandverkleidung hat sich "Eternit" als besonders geeignet angeboten."
– Szyszkowitz

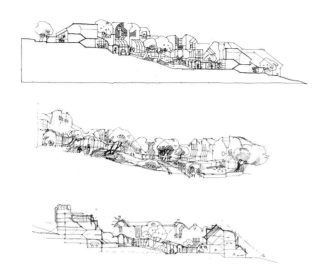

Team A Graz – Cziharz/Ecker/Missoni/Wallmüller

VOLKSSCHULE UND KINDERGARTEN RAABA

Steiermark, 1990 - 1992

Ein Ort mit zentralen Funktionen wurde geschaffen, der einen neuen Entwicklungs-schwerpunkt im Anschluß an die bestehende Besiedlung bildet. Durch die Verdre-hung der Hauptachsen von Volksschule, Turnsaal und Kindergarten ergab sich ein arenaartiger Freiraum, der von allen Bereichen und Bauteilen aus zugänglich ist und auch Veranstaltungen im Freien den richtigen Rahmen gibt.

Ein 60 m langer und 8 cm tiefer Wassergraben stellt ein Element dar, das den Vor-platz zum Objekt hin deutlich abgrenzt. Das Wasser dafür entspringt einem "Was-serkunstwerk" des Bildhauers Fred Höfler, quert in dem flachen, exakt nord-süd-aus-gerichteten Gerinne den Schulhof und fließt schließlich über einen Überlaufstein in den Graben. Durch die Brücken entstehen klar akzentuierte Eingangssituationen. Der Zugang zum dreiseitig von Gebäuden umschlossenen und nach Süden hin of-fenen Pausenhof ist daher nur von den Gebäuden aus möglich.

Innerhalb der formal eher zurückhaltenden eingeschossigen Baukörper mit ihren flachgeneigten Pultdächern bilden die ansteigenden Erschließungszonen das Rück-grat der jeweiligen Bauteile. Kindergarten, Volksschule, Turnsaal und Bibliothek sind eigenständige Körper. Das Konzept der Aussenanlagen wurde von den Architekten gemeinsam mit dem Institut für Baubiologie entwickelt.

Warum "Eternit": "Großflächige, möglichst geschoßhohe, industriell hergestellte Ta-feln mit großer mechanischer Festigkeit, unempfindlich gegen Witterungseinflüsse. Die formale Anforderung war eine klare, großzügige Gliederung der Fassade."

– Team A

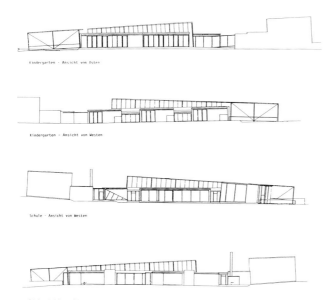

Kindergarten - Ansicht vom Osten

Kindergarten - Ansicht von Westen

Schule - Ansicht von Westen

Schule - Ansicht von Osten

pauhof – Wolfgang Pauzenberger/Michael Hofstätter

WOHNHAUS UND WERKSTÄTTE IN GRAMASTETTEN

Oberösterreich, 1978-79 und 1990-91

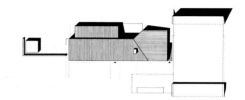

Ende der siebziger Jahre wurde zuerst das Wohnhaus mit Werkstätte errichtet. Ein konventioneller Ziegelbau mit hinterlüfteter, grauer Eternitfassade und einem Dach aus Welleternit. Der Zubau am Beginn der neunziger Jahre betraf die Erweiterung der Werkstatt als unterirdische Betonbox. Damit entstand ein klares und rauhes, ein kleines und konkretes Ensemble, das scharf an der Grenze des gewohnten Bildes von Wohnen und Gewerbe entlangsegelt. Dabei aber eine landschaftlich und typologisch eindeutige und signifikante Aussage trifft.

Warum "Eternit": "...weil sanft dahinrostendes, verzinktes Wellblech von der Landschaftsschutzbehörde noch weniger akzeptiert wurde und am Markt nicht so kostengünstig zu bekommen war..." – pauhof

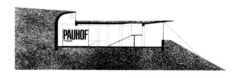

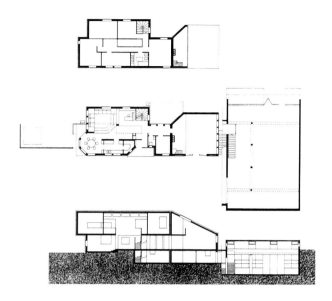

Rudolf Wäger

ATELIERHAUS IN SATTEINS

Vorarlberg, 1992

Geradezu ein Musterhaus, ein "Tempel" ist dieser kleine Atelierbau. Durchgearbeitet und detailliert fast wie ein feines Möbelstück. Der Planer des Hauses, ein Pionier des klugen Leichtbaus und einer der geistigen Väter der "Vorarlberger Baukünstler", hat diese "Box" für sich selbst auf der Grundlage funktionaler und ökonomischer Anforderungen optimiert. Der reine Raum hat einen "Isolierkörper". Alle nötigen Funktionen sind in diesen Körper eingebaut. Geradezu darübergestülpt und konsequent von diesem Körper getrennt, ist die hinterlüftete Schuppenhaut. Als Wetterschutz ohne zusätzliche Maßnahmen, ohne Nachbehandlung, wie ein Regen- und Wintermantel. Die Schuppen der "Eternit"-Platten bilden eine kleinteilige Fassade, wo jedes Teil variierbar, austauschbar, erneuerbar, mit Farbe verfeinerbar ist. Ein Musterbau, eine prototypische Lösung.

"Ein Material mit Tradition und Lebensdauer und trotz allem ein Produkt unserer Zeit." – Rudolf Wäger

Wolfgang Juen/Norbert Mittersteiner

WOHNHAUSANLAGE KORNFELD-MÜHLEWEG IN HÖCHST

Vorarlberg, 1988 - 1990

Ein Beispiel der seit Jahren vor allem in Vorarlberg sehr erfolgreichen Selbstbau-Wohnanlagen. Das sind sehr einfach aber intelligent optimierte Mehrfamilienhäuser, sehr flächensparend meist in Reihe oder in Gruppen angeordnet. Und die Bewohner erbringen einen hohen Anteil von Eigenleistungen bei der Errichtung.

Das Objekt "Mühleweg" besteht aus sechs Wohnhäusern mit sieben Wohneinheiten. Nach Süden orientiert haben die Häuser einen zweigeschossigen Wintergarten auf dem sich die Terrasse des dritten Wohngeschoßes befindet. Im Norden liegt ein Laubengang zur Erschließung und am Hauptstiegenhaus die Gemeinschaftsräume. Durch diesen Laubengang im 1. Obergeschoß kann bei jeder der dreigeschoßigen Wohneinheiten das Erdgeschoß als Einliegerwohnung abgetrennt werden.

Das gerundete Dach ist begrünt, in der Firstlaterne befinden sich einfache Warmwasserkollektoren und Belichtungsöffnungen für das Obergeschoß.

Kostengünstigste Ausführung, schlichte Materialien, - das ist die Basis und der Hintergrund eines Hauses, das seine endgültige Äshtetik auch durch das Leben der Bewohner und durch die Verbindung mit der Natur erhält.

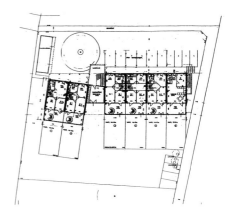

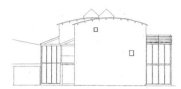

Christian Lenz/Hermann Kaufmann

GEMEINDESAAL HITTISAU

Vorarlberg, 1988 - 1989

Nach dem "Aussterben" der alten Gasthausäle, die in früheren Zeiten die Funktion der Gemeindesäle innehatten, entstand lange Zeit ein Vakuum für diese "öffentliche Nutzung", das behelfsmäßig mit Mehrzwecksälen und Schulturnhallen überbrückt wurde. Diese Provisorien waren zwar billig im Betrieb, entsprachen aber keineswegs den atmosphärischen, akustischen und funktionellen Anforderungen für diverse Veranstaltungen besonders im kulturellen Bereich.

Aus diesem Grund hat sich auch Hittisau entschlossen einen Veranstaltungssaal zu errichten. Nach langer Standortsuche ergab sich eine interessante Lösung am bestehenden Dorfplatz im Zusammenhang mit dem alten Gasthaus Hirschen, das gleichzeitig einen neuen Besitzer bekam und renoviert wurde. So wurde auf diesem Umweg die Idee des vom Gasthaus bewirteten Saales wieder verwirklicht. Der Saal ist jetzt jedoch Eigentum der Gemeinde.

Es galt auf äußerst beengtem Grundstück am Dorfplatz, in der Nachbarschaft historischer Bausubstanz ein neues Gebäude zu errichten. Die Antwort auf diese Problematik wurde mit moderner Formensprache, jedoch mit dem traditionell heimischen Baumaterial Holz gelöst. Der zum Dorfplatz eher schmale und hohe Baukörper soll zeichenhaft seiner Bedeutung für den Ort Ausdruck verleihen, diesen jedoch durch angemessene Proportion nicht dominieren.

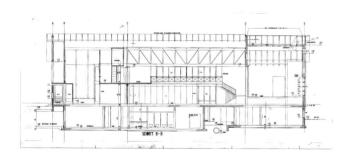

Architekturbüro - Eberle/Baumschlager/Grassmann

Haus Götze in Dornbirn-Watzenegg

Vorarlberg, 1987

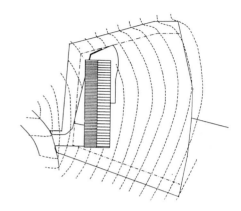

Der Anstieg zwischen Dornbirn und Bödele und die Aussicht über nahezu das gesamte Rheintal vom Bodensee bis zum Kummerberg, - das beschreibt die einzigartige Lage dieses Einfamilienhauses. Die Hanglage, die Aussicht, sie sind auch die entscheidenden Entwurfskriterien. So erfolgt der Zugang von Norden in das 1. Obergeschoß, von dem sich talseitig entsprechend der Hangschichtung das Haus erschließt.

Wie ein Tempel residiert dieses Haus am Hang, bestimmt durch sein dominierendes Satteldach. Ein Dach, das als formales Element und für die Behörden zunächst dokumentiert, daß Bezüge zur umgebenden Bebauung vorhanden sind. So übt sich, behördlich gesehen, das Haus in Anpassung und Bescheidenheit, und ist doch, in seiner konstruktiven Klarheit und elementaren Form ein singuläres "Monument" des Bauens für einen spezifischen Ort.

"Die Gründe für den Einsatz von "Eternit" als Dachdeckung bei diesem Haus waren die spezifische Textur und Oberfläche als Mittel zur Verdeutlichung des den Entwurf bestimmenden Themas "Dach", und die durch das geringe Gewicht der Deckung ermöglichten Dimensionen der Sparren." – Architekturbüro

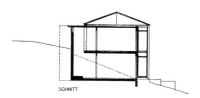

SCHNITT

W

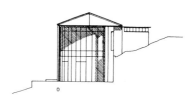

0

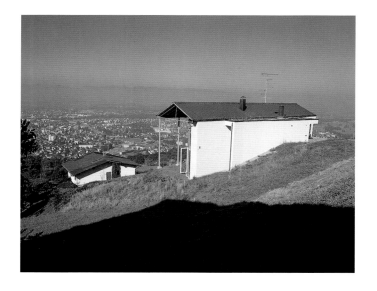

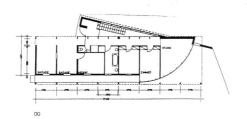

OG

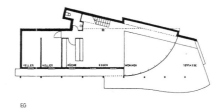

EG

Anton Schweighofer

WOHNHAUS MUTHSAMGASSE

Wien, 1986-89

Über die Bauvorschriften hinaus waren für die Konzeption dieses Wohnhauses die Lage gegenüber einem unverbaubaren Grünraum und die Höhen, Tiefen und Dachneigungen der Nachbargebäude maßgebend. Wesentlich ist auch, daß alle wichtigen Gemeinschaftsräume direkt am akzentuierten Haupteingang liegen, der die Verbindung des Straßen- und Grünraumes mit dem Hof des Gebäudes herstellt. Die Qualität der Wohnungen ist gekennzeichnet durch den "Kreuzgrundriß", der eine weitgehend freie Funktionsbestimmung der einzelnen Räume erlaubt. Querdurchlüftung und Orientierung zum Grünraum tragen ebenfalls zur Wohnqualität bei.

Das formal ausgeprägte Element des "Terrassen-Portikus" zur Straße mit seinen starken Säulen verbirgt ein interessantes funktionales Detail: Die Säulen sind Halbschalen aus "Eternit"-Rohren, die kleine Abstellflächen für die Loggien beinhalten.

"Dieses charakteristische, intelligente und schöne Material der klassischen modernen Architektur gehört zu meiner Architektursprache." – Anton Schweighofer

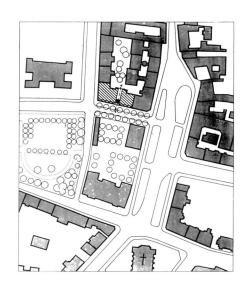

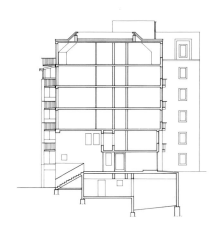

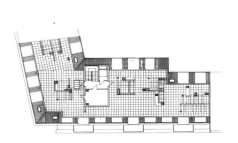

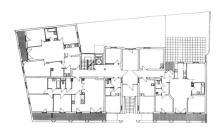

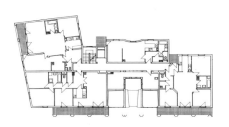

Maud Bernhard Hafner

GENDARMERIEGEBÄUDE IN KRAKAUDORF

Steiermark, 1982-86

Das Gendarmeriegebäude in ländlicher Umgebung versucht mit den ortsüblichen Formen zu kommunizieren und bietet dabei eine neue Haut mit zeitgemäßen Mitteln, die aber nur zum Teil realisiert werden konnte. So sah der Entwurf statt der Verwendung der Holzverkleidung eine Betonsteinvormauerung vor, die jedoch vom zuständigen Ministerium aus ästhetischen Gründen abgelehnt wurde.

"Umlüftete Glas-Etercolor-Paneele (Glas mit grünem bzw. rotem Etercolor hinterlegt) wurden verwendet, um in Wand- und Dachverglasungen opake Flächen mit Glas und Farbe ausführen zu können und mit einer hinterlüfteten Fassade zugleich eine technisch hervorragende Lösung anzubieten." – Maud Bernhard Hafner

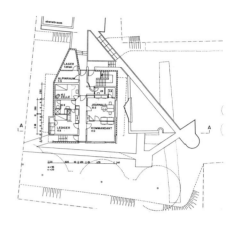

Gruppe 3 – Nussmüller/Peyker/Schuster

VOLKSSCHULZUBAU IN OPPENBERG

Steiermark, 1985-86

Oppenberg ist eine Gemeinde in der Obersteiermark mit 320 Einwohnern und liegt auf ca. 1000 m Seehöhe. Die bestehende Volksschule wurde aufgrund steigender Schülerzahlen zu einer zweiklassigen Volksschule mit Werkraum und Turnsaal erweitert.

Der Turnsaal der Schule erfüllt auch Funktionen eines Mehrzwecksaales für die Gemeinde und hat somit einen eigenen Eingangsbereich. Zur Wärmeversorgung der Schule, sowie anliegender öffentlicher und privater Bauten wurde im Neubau eine Hackschnitzelanlage untergebracht.

Die gestalterische Aufgabe bei diesem Projekt lag schwerpunktmäßig in einer Eingliederung des für diese kleine Gemeinde "großen Bauwerks" in die umliegende dörfliche Struktur, sowie die Rücksichtnahme auf den Altbestand. So wurde bei der Materialauswahl Rücksicht auf bestehende Anrainergebäude gelegt, wo Holzverschalungen bei Stallgebäuden und Eternitverkleidungen an Giebeln ortsbildprägend sind.

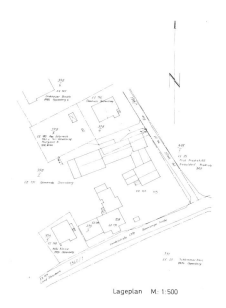

Lageplan   M: 1:500

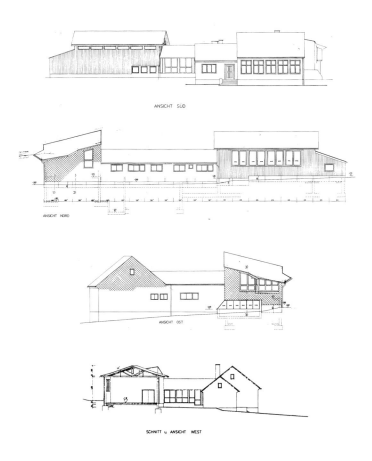

ANSICHT SÜD

ANSICHT NORD

ANSICHT OST

SCHNITT u ANSICHT WEST

August Kürmayr

TROPHÄENHALLE IN RUFLING BEI LEONDING

Oberösterreich, 1988-89

Zu einem bestehenden Wohnhaus sollte ein Zubau für eine Trophäensammlung errichtet werden. Das Wohnhaus ist ein gutes Beispiel moderner Nachkriegsarchitektur. Ein klarer kubischer Baukörper, ein winkelförmiges Atriumhaus, mit einer Großtafel-Weißeternit-Fassade. Die Idee des Entwurfs für die Trophäenhalle war ein großer "gebauter Jagdstand" als zweigeschossiger turmartiger Baukörper an der Süd-Ost-Ecke des Wohnhauses. Den zwei Bereichen aus denen die Trophäen stammen folgend, wurde die Halle zweigeteilt. Auf einem erdgeschoßigen gemauerten Massivbau, verputzt und weiß gestrichen für die Trophäen aus dem Ausland, sitzt eine darübergestellte "Tischgalerie" als Holzkonstruktion für die Trophäen aus dem Inland.

Das konstruktive System besteht aus einem inneren Kern mit der abgesenkten und nach oben offenen Jagdhalle. Ein zweigeschoßiger Tisch in Holzkonstruktion wurde mit einem Abstand in Gangbreite über diesen Kern gestellt. Dadurch entsteht im Erdgeschoß ein Umgang der teilweise zum Innenraum gehört, teilweise als gedeckter Gang um das Haus führt, und auch die Stiege zur Galerie aufnimmt. Im Obergeschoß bildet diese Zone die Galerie.

"Die gewählte "Eternit-Landfassade" wurde mit 8 mm starkem Weißeternit in 60 cm breiten Bahnen, mit Holzleisten, als Hauptgestaltungselement der Fassade verwendet. Dadurch wurde der Zubau der Trophäenhalle an das mit Weißeternit verkleidete bestehende Wohnhaus angebunden. Gleichzeitig ergibt sich mit dieser feingliedrigen Rhythmisierung der Fassaden eine optimale Einfügung und Kontrastierung zur umgebenden Landschaft." – Kürmayr

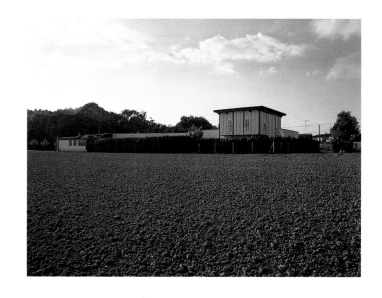

Baukünstlerkollektiv – Raab/Flicker/Jägersberger

WOHNHAUSANLAGE MAUERBACH

Niederösterreich, 1992

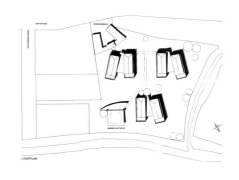

Auf einem idyllisch gelegenen Parkgrundstück am Stadtrand von Wien wurden drei Mehrfamilienhäuser mit je vier Maisonette-Wohnungen errichtet. Die dreigeschossigen, freistehenden, kompakten Häuser entsprechen im Typus der gründerzeitlichen Wienerwaldvilla.

In der Hausmitte befindet sich jeweils ein halböffentliches, keilförmiges, zweigeschossiges Glashaus. Dieses ist sowohl Gemeinschafts- als auch Erschließungsraum. Dadurch werden die äußeren Haushälften leicht zueinander verschwenkt, was den Baukörper nicht nur leichter erscheinen läßt, sondern auch Einblicke der Wohnungen untereinander verhindert.

Die Wohnhausanlage wurde in Selbstorganisation der Eigentümergemeinschaft unter Zuhilfenahme öffentlicher Wohnbauförderung errichtet. Mitbestimmung der Bewohner und Eigenleistungen spielten daher eine große Rolle.

Diese organisatorischen Prinzipien sind auch im Erscheinungsbild ablesbar: Bauliches Symbol der Gemeinschaft ist ein 65 m2 großes Gemeinschaftshaus. Die Gestaltung der Außenfassaden spiegelt den Wunsch nach einheitlichem Gesamtbild bei gleichzeitiger Individualität: Die weisse Stahlbetonfertigteil-Skelettkonstruktion war fix vorgegebener Rahmen für die individuelle Anordnung der Maueröffnungen, die sich nur in der bunten, mit "Eternit" verkleideten Holzkonstruktion befinden durften.

"Buntes "Eternit" als Symbol für Flexibilität und Mitbestimmung der Bewohner" - Peter Raab

ERDGESCHOSS   OBERGESCHOSS   DACHGESCHOSS

GRUNDRISSE EINES HAUSES

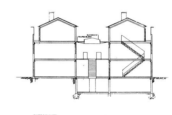

QUERSCHNITT

LANGSSCHNITT DURCHS GLASHAUS

Jakob Albrecht

WOHNHAUSANLAGE DORNBIRN-KASTENLANGEN

Vorarlberg, 1990

In Nachbarschaft zur Reihenhausanlage "Wohnen Morgen" wurde die Wohnhausanlage Kastenlangen mit 125 Wohnungen errichtet. Die moderate, drei bis vier Ge-
schosse hohe Anlage ist von großen Grünanlagen umgeben. Wegen extrem schlech-
ter Bodenverhältnisse wurde zur Vermeidung von Rißbildungen an der Fassade
eine "Eternit"-Vorhangfassade gewählt. Damit wurde auch ästhetisch eine besondere Leichtigkeit und Auflockerung der Baumassen erzielt.

Wilfried Probst

REFORMSIEDLUNG WOHNHAUSGRUPPE LIESEREGG

Kärnten, 1986 - 1991

Diese Gruppenwohnanlage wurde als erstes Beispiel dieser Art in Kärnten mit einer Sonderförderung realisiert. Ebenso anspruchsvolle wie sparsame und gut durchdachte Raumkompositionen und Grundrißlösungen mit hoher Wohnqualität wurden für die insgesamt 7 freistehenden Einzelhäuser und einem Doppelhaus geschaffen. Zwei verschiedene Typen wurden für die Einzelhäuser entwickelt: "Würfelhäuser", mit einem Mauerwerkskubus, der von einem holzverkleideten, bunten Kubus durchdrungen wird, mit Holzveranden an der Südseite; "Scheunenhäuser", mit "Eternit" gedecktem Satteldach und Veranden an den Westseiten. Die Anlage ist ein rares Beispiel für gruppenorientiertes Wohnen und Siedeln auf flächensparende Weise, um damit die Annehmlichkeiten des eigenen Wohnhauses mit einer sozialen Umgebung zu verbinden.

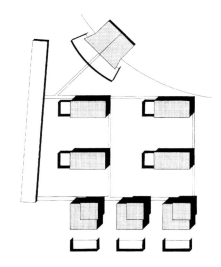

Dachgeschoß   Obergeschoß   Erdgeschoß

12 Dachraum   Würfelhaus   wettbewerbe 105/106
13 Dachterrasse

1 Wohnraum   7 Wirtschaftsraum
2 Wintergarten   8 Laube
3 Küche/Eßplatz   9 Zimmer
4 Stiege   10 Bad
5 WC   11 Luftraum/Galerie
6 Windfang

Dachgeschoß

Obergeschoß

Erdgeschoß

Scheunenhaus
130 m²
1 Keller
2 Wohnraum
3 Eßraum
4 Küche

5 Windfang
6 Abstellraum
7 WC
8 Laube

Kellergeschoß

13 Wohndiele
14 Bad
15 Dachboden
16 Zimmer

9 Zimmer
10 Schrankraum
11 Dusche
12 Zimmer

Architekturbüro Baumschlager/Eberle

BAUSTOFFHANDLUNG RHAU IN BREGENZ

Vorarlberg, 1990

Ein Lagergebäude für Baustoffe, selbstverständlich mit einem Material als Haut der Fassade, das von dieser Baustoffhandlung auch vertrieben wird. Die tragende Idee des Konzepts ist die Ökonomie. Wie kostengünstig kann das Lagergebäude sein, welches Limit kann erreicht werden ? Das versucht das Objekt in Material und Erscheinung auch zu vermitteln. Alle anderen Rahmenbedingungen waren funktionaler Art. Eine mögliche Erweiterung in drei Richtungen war gefordert, und die Größe selbst war durch die jetzigen Bedingungen am Firmenareal gegeben.

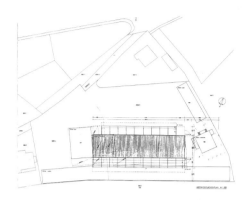

"Aus formalen Gründen war die Charakteristik der "Eternit"-Wellplatte, sowohl in ihrer Oberfläche als auch als Sprache, die adäquate Umsetzung der Gebäudeidee in ihre Haut. Die preisliche Komponente als auch der Vertrieb von "Eternit" durch den Bauherrn waren unterstützende Argumente." – Architekturbüro

Hermann Kaufmann

ABBUNDHALLE BAIEN IN REUTHE

Vorarlberg, 1990

Das Gebäude sollte in seiner Erscheinung die neuen Wege und Möglichkeiten im Holzbau und somit das Repertoire modernen Konstruierens aufzeigen. Weiters wurde auf eine feingliedrige Detailausbildung geachtet, die durch intelligentes Konstruieren, auch im Gewerbebau ohne weiteres möglich ist.

Ziel war die Einfügung einer neuen beheizbaren Abbundhalle in die bestehende Bausubstanz sowie die Entwicklung eines montagefreundlichen Bausystems basierend auf einem hohen Vorfertigungsgrad um die Bauzeit möglichst kurz zu halten.

Der Entwurf sollte sich im Spannungsfeld von konstruktiver Eleganz und funktionaler und praktikabler Methoden der Fertigung und Errichtung bewegen, Möglichkeiten an Oberflächengestaltung sowie die Kombination von Holz, Glas und Welleternit aufzeigen, ohne jedoch die Wirtschaftlichkeit in Frage zu stellen.

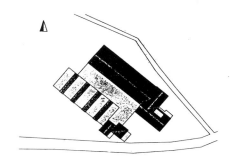

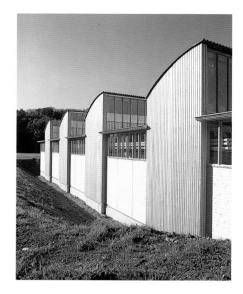

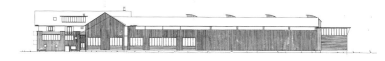

NORD/OST

NORD/WEST

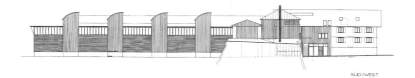

SUD/WEST

SUD/OST

Rüdiger Lainer & Gertraud Auer

WOHNHAUS WAIDHAUSENSTRAßE 24

Wien, 1988 - 1991

Eigentlich sind es zwei Gebäude, ein Vorder- und ein Hintertrakt, welche die bestehenden Bebauungszeilen ergänzen. Auf der gegenüberliegenden Straßenseite finden sich zurückgesetzte Einzelbauten, Gärtnereien und Steinmetzbetriebe für den
angrenzenden Friedhof. Eine typisch heterogene Vorstadtgegend. Deshalb reagiert
der Baukörper zur Straße auf die benachbarte Bebauung und den Straßenverlauf
durch eine Modulation der Fläche und Plastizität des Volumens. Die Fassaden zum
ruhigen Hof sind transparent, bestimmt durch stählern-gläserne Veranden. Zwischen
den beiden Trakten ist der Hof, mit Eigengärten und einem eigenen Kinderhaus.
Im großzügigen, belichteten Stiegenhaus sind Säule und Teile der Wandverkleidung aus "Eternit."

"Wo bei unseren Bauten Ständerwände eingesetzt sind, verwenden wir "Eternit" als
Außenverkleidung, weil es ein einfaches, elegantes Material ist." – Rüdiger Lainer

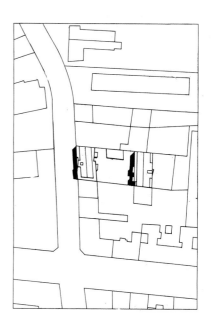

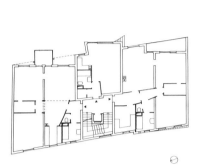

Heinz Wondra

HAUPTSCHULE IN MAUTERN

Salzburg, 1991

Die Gebäude der neuen Schule sind sorgfältig in die gegebene Situation, mit Kloster, Kirche und Klostermauer hineinkomponiert. Diese überzeugende Lösung war auch die Grundlage für den Erfolg im Wettbewerb 1985. Doch dann wurden fast unüberwindbare Einsparungen verlangt. So wurden Klassen weggelassen, und vor allem dann in den Erschließungszonen die Ausbaustandards so weit zurückgenommen, daß der Bauherr schließlich von einer "Schule der Sparsamkeit" sprach. Wichtig war dem Architekten aber die Qualität des komplexen räumlichen Angebots und nicht die scheinbare Kostbarkeit der Oberflächen.

Hintergründig, verschmitzt und doch rational einfach ist das architektonische Konzept dieser Schule. Eine lange, fast "öffentliche Straße", lichtdurchflutet, bildet das lineare Rückgrat der Erschließung der einzelnen Klassen-"Häuser", die ihre Autonomie deutlich artikulieren. Und doch sind sie Teil eines gemeinsamen Hauses, das sich im aus der Achse geschwenkten Eingangshaus zu einem Zeichen verdichtet, das an die Typologie alter Schulhäuser erinnert.

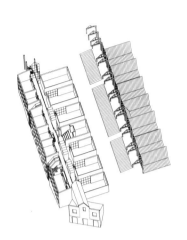

Adolf Krischanitz

TRAISENPAVILLON IN ST.PÖLTEN

Niederösterreich, 18. April bis 17. Juni 1988

Der Ausstellungsbau an der Traisen wurde für die Ausstellung "Geburt einer Haupt-stadt" errichtet. Er besteht aus einer Stahlkonstruktion mit Wellichtplatten (Rundbau) und Eternitplatten (Langbau). Ein technisches, architektonisches und symbolisches Manifest das die Philosophie der Bekleidung, konstituierend auch für "Eternit", für die heutige Zeit dokumentiert.

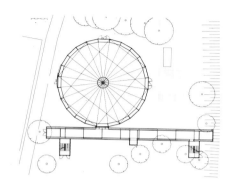

Scheibe und Zylinder

Formen verkörpern Ideen dahingehend, daß sie die Geschichte dieser Ideen abbil-den, sich in einem Wirkungs- und Bedeutungshorizont einreihen und damit der Idee des Bauwerks Bedeutung verleihen und gleichzeitig selbst bedeute(n)d werden. Das Analoge der beiden, in der Formaussage unterschiedlicher Baukörper (Scheibe und Zylinder) entwächst der nichtberührenden Unmittelbarkeit von Nähe. Ein "Schleu-sentor" aus Rahmen und Gitterwerk markiert die Nahtstelle der beiden Raumbezir-ke. In Anwendung der Nähe auf dieses Gegensatzpaar wurde ein Spannungsmo-ment induziert, in dessen Wirkungsfeld sich Gebrauchs- und Darstellungswert von Architektur in klassischer Verschränkung von Nutzung und Ausstellung dieser Nut-zung darstellen lassen. Der Langbau - stellt aus (Nutzung). Der Rundbau - stellt sich aus (Ausstellung der Nutzung).

Liegender und stehender Rahmen

Der Rundbau ist einem liegenden Rahmen gleichzusetzen, der sein Inneres um-schließt mit rhythmisch angeordneten, in die Höhe strebenden Teilen. Durch 24 Stützen erhält man einen zylindrischen Raum, durch Umgänge in 3 Höhenzonen gegliedert. Das rostähnliche Zusammenfügen stabförmiger Konstruktionsteile erst zu einem flächenbildenden und dann zu einem raumbildenden System hatte schon seit dem Ursprung der Tektonik entscheidende Bedeutung. Der minimierte, materi-alkonstruktive Rahmen ist das direkte Abbild seiner tektonischen und mathemati-schen Utopie, die jedoch durch die Bekleidung mit Farbe gleichzeitig eine Entla-stung vom Konstruktiven erfährt.

Ein weitere Sublimierungseffekt tritt durch das Material und die Art der Füllungen (Lichtwellplatten) ein, die als gewelltes, durchscheinendes Material einmal die gefilterte Präsenz des Aussenraumes im Inneren bewirken und diese Wirkung noch durch die Welle – ausgebend und einnehmend – gleichsam selbst nochmals darstellen.

Die Lichtnabe mit dem Stabgeflecht schwebt inmitten der Seilkonstruktion, die wiederum leichte Dachpaneele trägt. Das Prinzip des liegenden Rades mit entmaterialisierter Achse (Lichtöffnung) evoziert Motive des Freischwebenden.

Der angrenzende Langbau ist ein "stehender Rahmen", der als Galerieweg begehbar ist und darüber hinaus als Gesamtform seine Funktion als Supervitrine ausstellt. Der lange Weg ist übereinander dreigeteilt in der Vitrine enthalten und ist durch verschieden konditionierte Abschnitte wie Steigungen, Stiegen etc. geteilt.

Die Scheibe ist südseitig fast ganz geschlossen, während Lichtwellplatten im Norden das zur Betrachtung der Ausstellung erforderliche Lichtquantum aufnehmen.

Entlang dieses permanenten Weges entwickelt sich die Bildwand an der geschlossenen Rückseite. Anfang und Ende des Weges in den oberen Geschoßen sind balkonartig zurückgenommen und geben den Blick auf die beiden Schmalseiten (Ost, West) der Scheibe frei, in die als nach innen gestülpte Außenwände die Lüftungsklappen gesetzt sind.

Die geschlossene Südseite ist durch einen auskragenden Raum im Erdgeschoß an einer Stelle durchbrochen. Der Fußboden dieses Raumes ist mittels Sonnenschutzlamellen von der tragenden Deckenkonstruktion abgehängt. Die Großflächentafeln an Süd-Ost- und Westseite sind im versetzten Verband angeordnet und stellen gewissermaßen die geschlossene Rückseite der Vitrine dar. Die lichtoffene Seite der Vitrine zeigt die gesamte Rahmenkonstruktion mit allen Längsriegeln und Windverbänden.

"Zum Thema Bekleidung fiel mir "Eternit" ein, da der Baustoff in seiner Neutralität und physikalischen Beschaffenheit zu den intelligentesten zählt." – Krischanitz

Walter Klier

Das Aussehen der Welt von Oben

Über Kitsch, Moderne und Natur

Walter Klier

DAS AUSSEHEN DER WELT VON OBEN

Über Kitsch, Moderne und Natur

Gegen Mittag kamen wir auf die Höhe. Wir passierten die Waldgrenze, die letzten einzeln stehenden Zirben, ruppig, gezaust von Stürmen, gebraten in der Sommersonne und eine Saison weiter gefriergetrocknet von den Nachtfrösten des Herbstes, der sich bemerkbar machte. Das Licht war klar, wie es nur an solchen Septembertagen sein kann, wenn das mitteleuropäische Hoch den atlantischen Fronten gerade noch standhält. Ich setzte mich und biß in meinen Jausenapfel, während Leo das Stativ ausfuhr, die Kamera montierte und wie eine Herbstwespe, deren Zeit knapp wird, durch das wellige Gelände surbelte, d.i. sauste und summte, um seine Motive zusammenzukriegen. Im Vordergrund die Kampfzonen-Zirbe, ein winziger Teich, darin sich, je nach Blickwinkel, der Baum spiegelt oder ein sehr ultramariner Himmel, ringsum die bucklige Welt der Heidelbeerstauden, flammend in grün-gelb-rot, ganz hinten die Gletscherberge, das ewige Eis. Fantastisch, rief Leo, vorübergehend in Hörweite. Nach dem Ende des Apfels widmete ich mich den Heidel- und Preiselbeeren, auch diese, dank überheißem Sommer, schon überreif. Von jenseits der Geländekante kam das charakteristische Rattern des Sesselliftes. Wir hatten den Berg von der Hinterseite bestiegen; hier war niemand. Auch den ganzen Vormittag war uns niemand begegnet, auch kein Fotomotiv, wir hätten also genausogut den Lift nehmen können. Auf dem Weiterweg trug Leo das Stativ wie eine Flinte oder Holzhacke oder Fahnenstange geschultert. Wir kamen über die flache Kuppe, und da lag das Schigebiet vor uns, das blendend weiß gestrichene Stationsgebäude, das Karussell der Doppelsessel, das Rattern und Klappern, wenn sie um die Umlenkrolle liefen, war nun deutlich, die Abfahrt grasgrün, wie mit einem gigantischen Rasenmäher in die bucklige, gelbliche Landschaft geschnitten. Die Schlepplifte ruhten, die Bügel abmontiert. Leo blickte ins Rund. Das gibt nichts her. Das mattgraue Stationsdach schimmerte im Mittagslicht, voll der selbstzufriedenen Modernität der siebziger Jahre.

Ich soll ihnen die Abbildung von etwas liefern, was eigentlich gar nicht mehr da ist. Oder was nicht so aussieht wie das, was sie doch selber hergestellt haben. Das ist paradox, sagte Leo. Ich hab nichts gegen Hochspannungsmasten. Im Gegenteil. Das gibt tolle Motive. Und den Strom, der am Ende aus der Steckdose kommt, benützen wir alle gern. Er sollte sich aber, herkunfts- oder herleitungsgemäß, auf die

Steckdose beschränken. – Oder wie drüben in Häusling, wo das Krafthaus gleich neben dem alten Kirchlein und dem Gasthaus steht. Dabei ist die Kirche höchstens hundert Jahre alt und das Gasthaus vielleicht fünfzehn, nämlich sofort neu gebaut, wie sie das Geld von der Kraftwerksgesellschaft bekommen haben. Wehe ich fotografiere das so, daß man die drei Gebäude nebeneinander sieht, wie sie eben stehen. Dabei wissen es alle. Ich weiß es, klar. Ich stapfe täglich durchs Land mit berufsbedingt offenen Augen. Die hier wohnen, wissen es; und die, die auf Urlaub hierherkommen, erwarten, daß sie in einem Dreisternehaus wohnen werden mit Zufahrt zum Haus, mit Parkgarage, mit Satellitenfernsehen im Zimmer und Bidet im Bad – auch wenn das Bidet zu nah an der Wand montiert ist, als daß man es sinngemäß verwenden könnte, dennoch: es ist Zvilisation, auf dem neuesten Stand, die vorausgesetzt wird. Was auf den Prospekt vorne drauf kommt, dort möchte keiner der Beteiligten wohnen und auch nicht das Plumpsklo benützen, das im Preis inbegriffen wäre. Vor allem nicht bei Nacht und Wind. Also zwei völlig getrennte Welten, Realitäten, darf man das Realität nennen, oder muß man Phantasma sagen? Ich muß es schließlich mit Bildern untermauern. Ein solches Bild, eine Fotografie bedeutet ja: das, was du hier siehst, besteht oder bestand küzlich in genau dieser Form.

Auf der Reisebüro-Ebene ist klar, daß man sich darüber verständigt, welcher Standard gefordert und geboten wird. Daneben der symbolische Tausch, oder wie man dazu heute sagen dürfte, erfolgt auf der Grundlage ganz anderer Bilder. Vielleicht müßte man, sagen wir, zum Beispiel eine Liftstation so bauen, daß sie wie eine altertümliche Almhütte ausschaut, mit Holzschindeldach und Steinen obendrauf, dann wärs okeh. Aber so – ist doch eigentlich eine nüchterne moderne Architektur, im großen und ganzen, oder, rechte Winkel, klare Linien. Ich will nicht behaupten, daß die (er zeigte nach unten, wo ums Eck des vor Dispersionsfarbe geradezu weiß leuchtenden Gebäudes eine sportmodenbunte Horde von Wanderern bog) sich jetzt gerade besonders um Proportionen gekümmert hätten. Architekten lassen sie wahrscheinlich keine ins Tal. Sie haben die schönen alten Häuser gebaut vor 300 Jahren, also können sie das auch heute und würden dasselbe nur häßlich finden, wenn sie es in ihrem Urlaubsort fänden oder besser gesagt in ihrer Vision von ihrem Urlaubsort. Diese besonders flache Sorte von Dachschräge, die von jedem beliebigen Blickpunkt aus einen schiefen Rhombus ergibt, das sieht von überall her schief aus, zerschneidet die Landschaft, wenn man es wagt, das Objekt darauf zu richten, komischerweise. Und diese charakteristischen kleinen paarweisen Klofenster (eins für Männchen, eins für Weibchen) in einer Wand, die sonst ganz ungegliedert ist. Aber doch ein Bau, der seinen Zweck erfüllt. Und der, gleichzeitig, in dem Zusammenhang, für den er gebaut wurde, einem geradezu alttestamentarischen Bilderverbot unterliegt. Werbung ist die symbolische Rede unserer Zivilisation, sie handelt die tiefsten oder sagen wir jene Fragen ab, um die sich einst die Religion mühte, später die Kunst. Die paar Ausnahmen, wo die zwei Realitäten sich überlappen, bestätigen bloß die Regel, die besagt, und zwar mit aller Strenge: du sollst auf den Bildern, mit denen du wirbst, nichts zeigen, was aus diesem Jahrhundert stammt. Ist uns denn dieses, unser Jahrhundert, so unangenehm? Sind wir uns seiner so wenig sicher? Auch die Menschen, wenn sie nicht gerade Kinder sind (süß), sollten ein möglichst frühes Bau-jahr aufweisen. Eine Seilbahn, wenn wir sie schon unbedingt herzeigen wollen (und sie nicht bloß als unsichtbare Kommodität funktioniert), sollte zumindest aus der Zwischenkriegszeit stammen; gottseidank altert Technik sehr schnell. Aber ob diese Eisenbeton-Holzbalkon-Zinkblech-Wellblech-Eternitdachbauten je genügend Patina ansetzen werden — wir werdens jedenfalls nicht mehr erleben. Und währenddessen nimmt die Zahl der abbildbaren Objekte immer schneller ab. Da liegt mein echtes Problem. Das macht mir den Streß. Welcher Bauer deckt seine Alm heute mit Schin-deln? Schindelschnitzer, ist das noch ein Beruf? So wie Köhler oder Rechenmacher. Und wenn es hundertmal ökologisch ist. Aber mit der Ökologie lockst du die, die verdammt sind, am Busen der Natur zu leben, hinter keinem Ofen vor. Versteh mich nicht falsch, von mir aus soll er seine Alm decken wie er will. Bloß ich muß die Din-ger fotografieren. Ich muß diese Symbolebene füttern. Und wenn dann wieder so ein Blechdach im Abendlicht schimmert – Essig.

Der Tag war markellos herbstlich schön, so schön, daß man, der Symbolebene gemäß, alle kleinen Sorgen hätte vergessen können und bloß in die Sonne schauen und das Lob des Schöpfers singen, der 1981 und all die Jahre vorher und nachher den immer drohenden Weltuntergang letztlich doch verhindert hatte. Was Leo kei-neswegs von seinen Jeremiaden abhielt, im Gegenteil. Er war, so seine Rede, ja be-ruflich und nicht zum Vergnügen hier auf lichten Höhn, er war im Job und dieses Kla-gen gehört zu seinem Beruf. Er lebt von der ästhetischen Nutzung der Alpen, von der Ausbeutung jenes unerschöpflichen Erzlagers der Imagination, das uns, wie es scheint, die Romantik beschert hat. Im Grunde ist es ein einziges Bild, das in beliebi-ger Zahl variierbar die mythologisch-bildnerische Basis für das massenhafte Kom-men aus den Städten ins Gebirge bildet, diesen symbolischen oder kryptoreligiösen

Akt, vordergründig, scheinaufklärerisch mit Bewegung in frischer Luft und daraus resultierender Erholung motiviert, was natürlich auch stimmt. Außer wenn die Bewegung in frischer Luft zu einem gebrochenen Bein oder Hals führt.

Ein einziges Bild (fuhr Leo fort): im Vordergrund das Menschenwerk, das, in jeweils ältestmöglicher Ausführung, wie gesagt, das menschliche Maß angibt, also ein Zaun, die Fahrrille eines Weges, ein Wiesenrand, ein Heustadel oder eben die Almhütten, zu denen wir jetzt unterwegs waren, um die endgültige Version jenes Bildes einzufangen, in dessen Mittelgrund sich des Menschen und Gottes Werk verschränken, dargestellt etwa anhand des Waldes, der zwar, wie man wissen könnte, vom Menschen sehr gezielt bewirtschaftet und nach Notwendigkeit und Ertrag gemodelt wird, es aber in unserem, jedenfalls dem Bewußtsein des deutschen Menschen (dieses tiefste der deutschen Wörter: Wald), trotzdem irgendwie fertigbringt, auszusehen wie am achten Tage der Schöpfung. Alles ist im absoluten Urzustand, bloß der fatale Apfel schon gegessen, aber der Wald (jedenfalls der deutsche) weiß noch nicht, daß er zur Bewirtschaftung im Schweiße des Angesichtes frei- beziehungsweise aufgegeben ist.

Im Hintergrund dann darf sich das tummeln oder vielmehr türmen, was im engen Wortsinn, der aber nicht beachtet wird, die Natur wäre: das Rohe, Wüste, Ungeschlachte, Ungeformte, auch Unformbare, Unbezähmbare, das, was oben aus der Haut oder dem Kleide der bewirtschaftbaren Erdoberfläche herausschaut. Die Berge müssen stets den Hintergrund bilden. Sähen wir außer ihnen nichts, bloß diese Wüstenei, die *Wildernussen* der alten Einsiedler, die in selbige zogen, um Gott näher zu sein oder nur den Menschen ferner, wer weiß, sehen wir also nur Berge, nur Rohes, verlieren wir sofort das Gefühl für Größenverhältnisse, Entfernungen, Maß und Ziel (wie uns das im Gebirge in entsprechenden Höhen tatsächlich passiert). Dann deprimiert es uns, statt uns zu erheben, scheint unser inneres Chaos durch Vorzeigen eins äußeren zu verstärken, statt es zu besänftigen. Das reine Bergbild gehört in edle Bildbände und in Bergsteigerbücher – und selbst dort finden wir den entsprechenden Ausweg, um dem beschriebenen Ur-Bild trotz Fehlens von Artefakten in solcher Umgebung zu entsprechen: der Bergsteiger muß, mit all seinen bescheidenen Kräften und seiner Zwergenstatur, den Vormarsch bestreiten, dort durch mehr oder weniger oder martialisches Herumstehen für das menschliche Maß sorgen.

Unter solchen Reden waren wir vom Kamm durch felsdurchsetztes, später grasiges und bewaldetes Gelände zu jener Alm abgestiegen. Der Nachmittag schritt fort. Die Lichtverhältnisse wurden rasch interessanter (*fantastisch* sagte Leo dauernd), aber auch schwieriger, die Schatten wachsen um die Mitte des September schon rasch.

Die Alm war eine Wucht.

Auf brettelebenem Schwemmboden in einer Talweite zwischen hausgroßen Felsblöcken kauerten die Hütten und Hüttchen beisammen, beiderseits des Fahrweges, der hier vom Haupttal heraufkam; seit Ötzis Zeiten mochte sich am Gesamteindruck wenig geändert haben, nicht die aus Stein geschichteten Mäuerchen, auf deren Krone da und dort Grasbüschel wuchsen, die das Mahd von der Weide trennten, nicht die mit Brennesseln überwucherten Misthaufen, nicht der unverwechselbare Morast aus Lehm und Kuhfladen, wo das Vieh sich zum Melkplatz durchdrängt oder zur Tränke sammelt. Wenigstens den Weg haben sie nicht asphaltiert, maunzte Leo, defätistisch wie eh. Noch ein Glück. Er hatte trotz der Wunderschönheit des Ensembles und seiner (meisten) Teile seine liebe Not, die drei, vier neuen Almhütten (oder Ferienhäuschen) aus dem Bild zu lassen: ihr helles Holz, ihre prall-protzigen Kunstschnitzereien um Tür, Fenster und Giebel und – natürlich – die stolz aufgesetzten zinkblechumfaßten Ziegel-, Blech- und Eternitdächer waren zu grell, zu neu. Wir konnten keine hundert Jahre warten, bis sie von Wind und Wetter zurechtgeschmirgelt sich ins Gesamte fügen würden. Wir hatten bloß noch eine knappe Stunde, dann wäre der Schatten da, der schon vom westlichen Talhang her zu wachsen anfing.

Der springende Punkt, sagte Leo, sind nicht die neuen Materialien. Es sind die zu geraden Linien. Zwar benötigt einerseits das ideale Bild notwendig eine Strukturierung durch Gerade im Bild (nicht bloß das Viereck des Rahmens), die eine Art von Koordinatensystem ins Natur-Chaos bringen, wozu Bäume und Menschen allein nicht genügen, allenfalls, komischerweise, eine Kuh. Mit ihren vier Beinen, ihrer Dimension, ihrem sichtbaren Gewicht bringt sie genug, sagen wir, Statik mit. Ein Schaf ist zu klein, zu rund, da müssen es mindestens viele sein. Auch bei der Kuh ist eine Herde besser, am besten mit Hirt, am besten mit einem langen Stab, auf den er sich stützt. Da haben wir eine deutliche Senkrechte, zur gedachten Waagrechten der Erdoberfläche in sinnige Beziehung gesetzt. Aber diese dargestellten, also materialisierten Horizontalen und Vertikalen müssen minimal unregelmäßig sein: etwa eine unverputzte und aus Naturstein gemauerte Hauswand (die klassische Alpenvereinshütte, ein wunderbares Motiv, das verträgt sogar Blech am Dach, allerdings nur, wenn zum Ausgleich am Fahnenmast eine Tiroler Fahne im Wind weht, *mit* Adler) oder eben die mittel bis stark angewitterte Holzbauweise solcher Hütten. *Zu* verwittert ist auch schlecht. Da tut der Weg alles Irdischen sich zu deutlich auf. Auch eindeutige Ruinen sind schlecht — außer es sind Burgruinen. Das Bild soll ja Harmonie vermitteln, die geglückte Balance zwischen Werden und Vergehen, mit dem Werden leicht im Vorteil, allerdings einem traditionell landwirtschaftlich definierten Werden.

Du versuchst dich an einer Definition von Kitsch, sage ich. Sieh dich vor. Da sind schon andere gescheitert.

Er hört mir gar nicht zu. Da schau es dir an: jede Klinke, jeder Balken, jeder Fensterladen ein wenig anders, jeder Abstand variiert, und doch wird eine zugrundeliegende Struktur von allen eingehalten. Schau dir diese Proportionen an. Aber freilich will man heutzutage beim Fenster auch hinausschauen können, Proportionen hin oder her. Diesen Neuen. Irgendwie ist es tragisch. Sie sind ja stolz auf ihre barockgeschnitzten Türen und Giebel und Balkone. Und mit welcher Erbauerfreude sie einander ihre Häuser zeigen, alles selber gemacht. Und hopp ein Foto fürs Familienalbum und noch eins und eins für die Ansichtskarte für die Gäste. Aber wenn es beim Tourismusverband oder der Werbeagentur um die Wurst geht, um die Auswahl des Motivs für die Titelseite, da kommt die alte Alm dran oder der Hof, der nächstes Jahr abgerissen wird, weil keiner mehr drin wohnen mag.

Scheinbar übergangslos erzählte Leo vom Urlaub in Kenia, den er mit seiner Frau letztes Frühjahr absolviert hat. Er sagte "absolviert". Da fahren wir nicht mehr hin, das heißt ich jedenfalls, mit keinen zehn Rössern bringst du mich da hin (auch die Sprache hinkt etwas hinterher). Es ist doch deprimierend. Da wirst du vor so ein traditionelles Dorf hingekarrt, am Dorfeingang heißt es Eintritt zahlen und dann gehst du im Rudel unter lauter klickenden Kameras, eine Obszönität, sag ich dir, zwischen den traditionellen Hütten herum, wo dir traditionelle Dorfbewohner im Federschmuck, also jedenfalls rot und gelb bemalt und mit Lehm im Haar undsofort ihre Glasperlen verkaufen, die wahrscheinlich der Swarovski in Wattens herstellt. Und alles, was ein fühlender Mensch noch tun kann, ist, sich zu genieren und zu hoffen, daß es bald zu Ende ist. Daß man bald wieder ins Dreisternehotel zurück darf zum Swimmingpool und an die Bar, zu seinem Scotch und lauter Leuten, die adrett in Hosen und Röcken gekleidet sind und sich täglich wenigstens die Hände und das Gesicht waschen, zurück in das Zimmer mit Bad und Satelliten-TV, und endlich wieder CNN schauen und die Fliegenschwärme vergessen, die man aber nicht vergessen kann, von denen eine jede der Dorffrauen begleitet war, die schmieren sich mit irgendeinem Fett den ganzen Körper ein und frage nicht. Nur die Frauen, komischerweise. Da hatte ich den Typen lieber, der ins Hotel kam, in voller Kriegsbemalung, um uns seine Massai-Artefakte zu verscherbeln. Am Handgelenk trug der Krieger eine Swatch.

Wir saßen, wieder zurück, im Tal in einem Café, im Gesumm der Holländer, Engländer, Deutschen, um und über uns die Dorfstraße mit den Barockfassaden des späten 20. Jahrhunderts, die fünfstöckigen Viersternehäuser und die vierstöckigen mit den drei Sternen, diese ins gigantische gewachsenen Almhütten, auf die sie so stolz waren, zwischen denen die früher alles überragende Kirche längst verschwunden, insignifikant geworden war. Versteh mich nicht falsch, sagte Leo. Ich *klage* nicht. *Ich* klage nicht. Ich versuche mir bloß Phänomene vor Augen zu halten. Während alle um mich her brüllen und heulen, versuche ich einen klaren Gedanken zu fassen.

Auch der Kellner, der uns die kleinen Biere brachte (Heineken refreshes the parts that other beers don't reach), trug eine Swatch, ebenso wie Leo und ich.

Margherita Spiluttini

Landschaften – Eternit im Alltag

Ein Fotoessay

Dietmar Steiner

Das Eternit der Architektur

Ein Nachwort

Dietmar Steiner

DAS "ETERNIT" DER ARCHITEKTUR

Ein Nachwort

Mit diesem Buch ist ein langjähriges und schwieriges Projekt beendet. Am Beginn dieses Projekts standen Margherita Spiluttini, die damals noch Margherita Krischanitz hieß und Oskar Putz. Margherita Spiluttini hatte den Auftrag von "Eternit" die besten Bauten der letzten Jahre, an denen "Eternit" verwendet wurde, zu fotografieren und zu dokumentieren. Oskar Putz war beteiligt an der Farbpalette der "Eternit"-Platten mit der Neuen Technologie. Aus beiden Talenten sollte ein Buch geformt werden, ein Architekturbuch mit beispielhaften Bauten der letzten Jahre, mit den Fotografien von Margherita Spiluttini und der Grafik von Oskar Putz. Diese Idee war vorhanden, und ich sollte eine kritische Auswahl dieser Bauten beisteuern. Das hätte gelöst und erledigt werden können. Doch dazu hat "Eternit" den falschen Kritiker gefragt.

Einfach nur einen Katalog einiger zurzeit interessanter Bauten zu machen, war mir zuwenig. Wovon ich alle Beteiligten und auch den Auftraggeber überzeugen konnte war mehr, es war die Aufgabe der Erforschung dieses Produkts und seiner architektonischen und kulturgeschichtlichen Bedeutung. Und ich will nicht verschweigen, daß dabei auch persönliche Gründe mit im Spiel waren. Meine Urgroßmutter wohnte in einem alten Haus. Das Haus stand unmittelbar neben einer Bahnstation, irgendwo am Rande des Salzkammergutes in Oberösterreich. Wahrscheinlich um es vor Funkenflug zu schützen, war die Fassade zur Gänze mit "Eternit" verkleidet. Es sind frühkindliche Erinnerungen: Das alte Haus, der Garten, der Schuppen hinter dem Haus mit all seinen befremdlich wunderbaren Geräten, die Erzählungen über die Armut der Zwischenkriegszeit und den Urgroßvater, der im ersten Weltkrieg fiel und als Geistwesen wiederkehrte und ans Fenster klopfte. Dies alles ging ein, in das Panoptikum frühkindlicher Prägungen. "Eternit", das hat für mich Geschichte und Tradition, war ein Baustoff selbstverständlicher Umgebung.

Seine Fortsetzung fand diese meine Beziehung zu "Eternit" in der Mittelschule, der Höheren Technischen Lehranstalt für Hochbau. Ein prägender Lehrer und Klassenvorstand, der uns früh mit den Werten und den herausragenden Leistungen der Architektur der Moderne vertraut machte. Gropius, Mies van der Rohe, Prouvé, wir studierten ihre Entwürfe und lernten ihre Details. Die technische Leistungsfähigkeit von Materialien wurde analysiert und bewertet. Ökonomie, Funktionalität, Leichtigkeit, Veränderbarkeit, das waren die ideologischen Werte dafür. "Eternit", wir mußten es in der Schule firmenneutral Asbestzementfaserplatten nennen, war Bestandteil unseres Lehr- und Lernmaterials.

Und dann, am Beginn meines Studiums an der Akademie, bei der Praxis im Büro der Architekten Puchhammer und Wawrik, wurde mir die Aufgabe übertragen, ein schlichtes Heizhaus zu detaillieren. Ein Heizhaus, das schnell und billig erbaut werden konnte. Eine Stahlkonstruktion, zur Gänze mit Welleternit verkleidet, Innen und Außen, mit Wärmedämmung dazwischen. Das Schicksal kam mit dem Urlaub der Architekten, ich war allein auf mich gestellt, und quälte mich durch Neuferts "Welleternit"-Handbuch, berechnete die Synchronität der Aussen- und Innenwellen und zeichnete die Details, fasziniert von der Tauglichkeit des Materials für Wand und Dach. Das Erfolgserlebnis war, das Projekt in all seinen Dimensionen durchgearbeitet und bewältigt zu haben.

Es gibt also, für mich persönlich, einige wichtige biographische Affinitäten zu "Eternit". Mehr jedenfalls, als zu anderen Baumaterialien. Dazu kam noch der Stolz, daß "Eternit" eine rein österreichische Erfindung ist, die seit hundert Jahren weltweit bewährt, und heute durch eine leicht durchschaubare Argumentation mit nachvollziehbaren Intentionen angezweifelt wird.

Es galt deshalb, eine "Kultur" zu sichern und zu dokumentieren. Die Kulturgeschichte eines Materials, ist deshalb als erster Versuch der Aufarbeitung der Geschichte von "Eternit" zentraler Bestandteil dieses Buches. Ein erster Versuch nur deshalb, weil wir erstmals begannen, die Werksarchive nach Material zu durchforsten. Was wir gefunden haben, ist bewertet, ausgewählt und dokumentiert, aber noch viel mehr Material harrt seiner wissenschaftlichen Bearbeitung und Präsentation. Es gibt also, über dieser Buch hinaus, noch viel Engagement und Arbeit für die Geschäftsführung von "Eternit", um die Geschichte und Identität dieses für Österreich so bedeutenden Unternehmens zu dokumentieren und zu kommunizieren.

In der Zeit der Arbeit an diesem Buch war es nur natürlich, daß sich der Blick justierte. Überall fahndete ich, vermutete die Gegenwart von "Eternit". Und eine eigenartige Wandlung des Blicks setzte ein. Ich fühlte mich umstellt, entdeckte eine Allgegenwart von "Eternit", auch dann, wenn es sich bei genauerer Überprüfung nur um Blech oder Holz handelte. Was besagt dies ? "Eternit" ist in den letzten hundert Jahren ein materieller Bestandteil unserer Kultur geworden. Und es hat sich in seiner direkten Simplizität bewährt.

Es hat, in seiner Alltagsverwendung, der Geschichte des allgemeinen Bauens eine neue Schicht hinzugefügt, die heute schon wieder historisch ist. Ganze Ortschaften, ganze Landstriche sind mit "Eternit" so durchgehend "eingekleidet", daß sie heute so etwas wie historische Normalität dokumentieren. Das Material begründet, vor allem am Land, jene alltägliche Kultur, die beispielsweise dem bäuerlichen Bauen immer schon zugesprochen wurde, und heute gerade in diesem Fall für eine künstliche Natürlichkeit geopfert werden soll. Was ist damit gemeint ?

Um nur ein Beispiel zu nennen: Es gibt ganze Dörfer im Mühlviertel, deren Häuser im Laufe des letzten Jahrhunderts mit "Eternit" verkleidet wurden. Dörfer, deren Häuser heute mit der Natur eine Einheit bilden, wo die bemooste Patina von Holz und "Eternit" harmonisch in der Natur versinkt. Und wo, in jüngster Zeit, auf einmal, knallig schwere blendend orangerote Dächer aus Ziegel oder Betonsteinen auftauchen, das Ortsbild eitel sprengend. Dächer und Materialien also, die niemals "ortsüblich" waren, und plötzlich zu solchen erklärt werden.

Hundert Jahre "Eternit" sollten genügen, um dem Material seine inzwischen ortsgebundene eigenständige Würde zu lassen. "Eternit" ist so selbstverständlich wie andere alte Materialien auch. Und es ist so künstlich wie Lehm, Stein, Holz, Ziegel oder Beton.

Heute, mit der neuen Faser, und ausgesetzt einer Vielzahl von "Platten" aus anderen Materialien, muß sich "Eternit" neu bewähren. Als "kulturelles Material", das man verwendet, weil es ortsüblich ist, und das man verwendet, weil es über besondere technische, haptische und farbliche Eigenschaften verfügt.

Diese "Kultur des Materials" war uns wichtig genug, zu weiteren Reflexionen einzuladen. Bodo Hell verfolgte die Spuren des semantischen Raums der Wahrnehmung des Produkts, seine rhytmische Sprachvermessung eröffnet neue Erkenntnisse.

Walter Kliers Text ist allgemeiner gehalten. Eine Landschaftsbeschreibung, die permanent zwischen verschwundenen tatsächlichen Traditionen und deren künstlichen neuen Wunschbildern wechselt. Auch dies ein Problem des Produkts "Eternit", das immer darum kämpfen mußte, seine ästhetische Eigenschaft auch vermitteln zu können.

Nicht zuletzt zeigt auch der Fotoessay von Margherita Spiluttini mit geradezu dokumentarischem Charakter die Allgegenwart des Materials, jeweils isoliert als komponierter Ausschnitt der Wirklichkeit. Das ist schließlich der endgültige Hinweis, als ästhetische Kritik der ästhetischen Konvention, sich von "Eternit" als bewußtlosem Material der Notwendigkeit zu verabschieden, und seine kulturelle, ja seine kulturprägende Existenz zur Kenntnis zu nehmen.

Markus Brüderlin hat schließlich eine kleine zeitgenössische Kunstgeschichte dieses Kunstmaterials in der Kunst eröffnet, die endgültig belegt, daß die mögliche Zukunft des Materials, des Produkts, in seinen haptischen und sinnlichen Eigenschaften liegt, und in der Verarbeitung jener Botschaften, die das "arme Material" zu einem reichen Ideenspender macht.

Mit dem thematischen Bogen dieser Geschichte und Verwendung des Produkts "Eternit" sollte ein Rahmen abgesteckt werden, der über eine technische Brauchbarkeit und funktionelle Notwendigkeit hinausreicht. Er sollte Anregungen bieten, Beispiele zeigen, Bauten darstellen, die belegen, daß "Eternit" mehr ist als ein Baustoff, – "Eternit" ist ein Material der Kultur.

Gang-Art: Ausstellungsraum, Museum für angewande Kunst